La Confianza

CONFIANZA TRIUNFANTE Y CONFIANZA SUPLICANTE

Salmo 27

C.H.Spurgeon

Editor Eliseo Vila

COLECCIÓN SALMOS

El Tesoro de David

EDITORIAL CLIE
C/ Ferrocarril, 8
08232 VILADECAVALLS
(Barcelona) ESPAÑA
E-mail: clie@clie.es
http://www.clie.es

COLECCIÓN SALMOS

LA CONFIANZA
ISBN: 978-84-8267-990-7
Depósito legal: B 16573-2016
VIDA CRISTIANA
Crecimiento espiritual
Referencia: 224950

Impreso en USA / *Printed in USA*

1

━━━⬦⬦⬦⬦━━━

Título: El título de este salmo no nos dice nada en particular respecto a la época u ocasión para la cual David lo escribió.[1] Su encabezamiento *"Salmo de David"*, es

---

[1] Hay quienes piensan que David redactó este salmo antes de subir al trono, y hay versiones que añaden *"antes de ser ungido"*. Pero David fue ungido tres veces (1ª Samuel 16:13; 2ª Samuel 2:4; 5:3). Los judíos sostienen que lo escribió cuando ya era viejo, con ocasión del gran servicio que le prestó Abisay al socorrerlo contra el ataque del gigante (2 Samuel 21:16,17). Nada se sabe de cierto. AGUSTÍN DE HIPONA [353-429] apoyándose en la *Vulgata* y otras versiones que añaden el *"antes de ser ungido"* dice al respecto: «*Salmo de David antes de ser ungido*, o sea, antes de recibir la unción. David fue ungido como rey de Israel (1ª Samuel 16:13), y en aquella época sólo se ungía al rey y al sacerdote, como tipos del futuro único rey y sacerdote, el Cristo que sería revestido de ambas dignidades. Por eso la palabra *Cristo* significa "Ungido", y tiene que ver con *crisma,* "unción". Pero no es únicamente Cristo, nuestra cabeza, sino que en él la recibimos también todos nosotros, que somos su cuerpo. Cristo es rey porque nos gobierna y nos guía; y es sacerdote porque intercede por nosotros (Romanos 8:34). Y además él fue el único sacerdote que a la vez fue también víctima, pues el sacrificio que ofreció a Dios fue el sacrificio de sí mismo; ya que fuera de él no había otra víctima racional tan pura, cual cordero sin mancha, que pudiera redimirnos con su sangre y hacernos parte de sí mismo, para

común a muchísimos otros salmos. Sin embargo, a juzgar por el contenido del cántico no es difícil deducir que estaba siendo perseguido por enemigos (27:2,3); que se le había prohibido entrar en la casa del Señor (27:4); que no hacía mucho que había salido del hogar paterno (27:10); y que era objeto de difamación (27:12). ¿Acaso no coincide todo ello con la ocasión cuando Doeg el Edomita lo denunció ante Saúl?[2] Es un cántico dulce lleno de esperanza gozosa, muy adecuado para todos aquellos que habiendo atravesando pruebas y dificultades han aprendido a descansar en el brazo del Todopoderoso. Puede leerse provechosamente en tres maneras distintas: como mera

---

que también nosotros pudiéramos ser ungidos en él y juntamente con él. Por tanto, esa unción que en la época del Antiguo Testamento estaba reservada exclusivamente a dos personas, reyes y sacerdotes, en la época actual corresponde a todos los cristianos (Apocalipsis 1:6). Está claro que todos nosotros somos Cuerpo de Cristo, ya que todos recibimos la unción; y en este Cuerpo todos somos de Cristo y todos somos Cristo, porque el cuerpo entero de Cristo está formado por la Cabeza y el cuerpo. Y esta unción de la que somos partícipes en Cristo nos perfeccionará espiritualmente para aquella vida que se nos promete, por la que suspiramos en la gracia de Dios, y que tendrá su realización en nosotros en el día final. De ahí el título del salmo: *Antes de ser ungido*». Por su parte, CASIODORO [485-583] se expresa en los siguientes términos: «El origen del título de este salmo *"Antes de ser ungido"*, lo encontramos con detalle en el libro de los Reyes. Sabemos que cuando Saúl pecó ante los ojos de Dios, David fue ungido por el profeta Samuel en presencia de su padre Isaí. Pero el título de este salmo no hace referencia a esta primera unción de David, sino a su segunda unción, cuando después de haber sido perseguido por Saúl fue elevado al trono por aclamación del pueblo (2ª Samuel 5:1-5), pues resulta evidente que escribió este salmo en conmemoración de este importante suceso».

[2] 1ª Samuel 22:6-22.

expresión de los sentimientos de David; aplicándolo a la Iglesia; y como referente a la persona del Señor Jesús. De ese modo la plenitud de la Escritura se hace mucho más completa y maravillosa.

C. H. SPURGEON

Estructura: El poeta proclama ante todo su confianza total y absoluta en Dios (27:1-3); a la vez que su amor y comunión con él (27:4-6); y acto seguido, se entrega a la oración (27:7-12);[3] concluyendo con un reconocimiento del poder sustentador de la fe, probada y demostrada en su propia experiencia (27:13); y una exhortación a otros a que sigan su ejemplo (27:14).[4]

C. H. SPURGEON

---

[3] En los versículos del nueve al doce (27:7-12) el salmista plantea diez ruegos o peticiones a Dios, cinco en sentido positivo: *Oye, ten misericordia, respóndeme, enséñame, guíame;* y cinco en sentido negativo: *No escondas, no apartes, no me dejes, no me desampares, no me entregues.* Por ello FRANZ JULIUS DELITZSCH [1813-1890] en su *"Biblical commentary on the Psalms"*, 1859, titula este salmo como el salmo de la CONFIANZA TRIUNFANTE Y CONFIANZA SUPLICANTE.

[4] Como bien señala SCHÖKEL: «en una primera lectura, este salmo desconcierta», puesto que la afirmación casi desafiante de seguridad y confianza absoluta en el Señor con la que comienza *"El Señor es mi luz y mi salvación ¿de quién temeré?"*, deja paso a partir del versículo siete (27:7) a una súplica apremiante para no ser entregado a la saña de sus adversarios. En este sentido KRAUS señala que: «La principal cuestión que se nos plantea al efectuar el análisis de la forma del Salmo 27 consiste en la curiosa ruptura que se observa entre el versículo seis y el siete. Mientras que los versículos del 1 al 6 están imbuidos de confianza y certidumbre, escuchamos en los versículos del 7 al 14 el sonido de la lamentación y la oración. La definición de "géneros" efectuada hasta ahora por la crítica de las formas ha llegado a la conclusión de

Versión poética:

DOMINUS INLUMINATIO MEA ET SALUS MEA, QUEM
TIMEBO

El Señor es la luz que me ilumina
el apoyo en que firme me sostengo,
él es quien me guía y me dirige,
¿a quién pues en el mundo temer puedo?

El Señor me conserva de la vida
el deleznable curso pasajero,
él es el que me asiste y me protege,
¿de quién pues en el mundo tendré miedo?

Cuando los enemigos se me acercan,
y cuando de mi sangre más sedientos
quisieran como fieras carniceras
comer mis carnes y masacrar mis huesos.

Cuando con más violencia me acometen,
y me atacan con ímpetu más fiero,
más presto entonces caen, y ellos mismos,
triste víctima son de sus esfuerzos.

---

que los v.1-6 contienen un cántico individual de confianza, mientras
que los v. 7-14 nos revelan en toda su contexta los elementos de la
lamentación de un individuo (...) y en muchos comentarios, las dos
partes del Salmo 27 con su diversidad de género literario conducen a
la conclusión de que se trata de dos cánticos completamente diferen-
tes que no tienen nada en común, y que por tanto deben interpretarse
separadamente». Contra esta idea de separación crítica, otros eruditos
como HANS SCHMIDT [1877-1953] opinan que: «Los dos salmos se es-
clarecen el uno al otro. Los dos proceden de la misma mano y hablan
de la misma situación». Y SCHÖKEL no duda en afirmar que «hay razones para tomar el salmo como una unidad original».

Si vinieran con huestes numerosas
a rodearme en un círculo pequeño,
no tendría temor, y quedaría
mi corazón pacífico y sereno.

Si vinieran furiosos a embestirme
por todas partes con feroz denuedo,
tampoco los temiera, y por lo mismo
más de Dios esperara mi remedio.

Sólo una cosa del Señor imploro,
pero la buscaré con todo anhelo,
y es habitar en su sagrada casa
todos los días de mi vida enteros.

Gozar de las delicias inefables,
que comunica a sus amantes siervos,
volver a entrar en su mansión divina
y visitarle en su sagrado templo.

Ya otra vez me metió de su santuario
en lo más escondido y más secreto,
y en el día cruel de los malvados
me tuvo oculto en su amoroso seno.

Pero ya me exaltó sobre la piedra,
sobre la piedra que es el fundamento
de la verdad, y en ella asegurado
no tendré inquietudes ni recelos.

Ahora mi cabeza levantada
se verá superior a esos perversos,
y siempre marchará libre y triunfante
de todas sus malicias y proyectos.

Ya me puse a los pies de su altar santo,
ya le sacrifiqué con grato afecto
sacrificios continuos de alabanza,
y siempre cantaré cánticos tiernos.

Escucha, oh Dios, los himnos agradables,
que te dirige el agradecimiento
de un corazón sensible y amoroso,
ten compasión de mí, oye mis ruegos.

A ti te busca mi alma enardecida,
a ti buscan mis ojos con anhelo,
y buscaré, Señor, tu hermoso rostro,
sin descansar hasta que llegue a verlo.

No me escondas, Señor tus dulces ojos,
no separes de mí tu amable aspecto,
y si alcanzar no puedo a complacerte,
no veas con enojo a tu fiel siervo.

Protégeme, mi Dios, no me abandones,
no oigas mis oraciones con desprecio,
porque tú eres el Dios de mi esperanza,
y el que me ha libertado de mis riesgos.

Algún día me viste abandonado,
como huérfano pobre y sin consuelo,
que padres no tenía, y tú piadoso
me recogiste en tu paterno seno.

Enséñame tus leyes soberanas,
guíame por caminos los más rectos,
a causa de mis muchos enemigos,
que me acechan con pérfidos intentos.

No me abandones al furor terrible
de los que sólo anhelan verme muerto,
porque mentira no hay, no hay artificio,
que contra mí no inventen los perversos.

Mas como todos son falsos testigos,
sus mentiras se vuelven contra ellos,
que de la iniquidad es atributo
engañarse, y ser vista con desprecio.

¡Oh Señor! a pesar de mis peligros,
mi corazón me dice de secreto,
que iré a verte en la tierra de los vivos,
en la mansión dichosa de los buenos.

Valor pues, alma mía, ten paciencia,
aguarda a tu Señor, haz un esfuerzo,
y recuerda que tu Dios a veces tarda,
pero que nunca niega sus consuelos.

DEL "SALTERIO POÉTICO ESPAÑOL", SIGLO XVIII

2

⚬⚬⚬

Vers. 1. *Jehová es mi luz y mi salvación; ¿de quién temeré? Jehová es la fortaleza de mi vida; ¿de quién he de atemorizarme? [Jehová es mi luz y mi salvación; ¿de quién temeré? Jehová es el baluarte de mi vida; ¿de quién he de atemorizarme? RVR77] [El Señor es mi luz y mi salvación; ¿a quién temeré? El Señor es el baluarte de mi vida; ¿quién podrá amedrentarme? NVI] [El Señor es mi luz y mi salvación; ¿a quién temeré? El Señor es la fortaleza de mi vida; ¿de quién tendré temor? LBLA]*

Jehová es mi luz y mi salvación. El salmista comienza con una declaración de interés personal y utiliza por tanto pronombres posesivos: *"mi luz", "mi salvación"*; su alma se muestra completamente segura y convencida de ello, y por tanto, lo proclama a los cuatro vientos. *"Mi luz"*: en el instante mismo en que el alma nace de nuevo se derrama sobre ella la luz divina como elemento precursor de salvación. Donde no hay luz suficiente para ver la propia oscuridad y sentir el anhelo del Señor Jesús, no hay evidencia de salvación. La salvación nos llega mientras permanecemos en tinieblas, pero no nos deja allí; pues a todos los afincados y sentados en medio del valle de sombra de muerte, les proporciona la luz necesaria para salir de él.[5] Tras experimentar la conversión, nuestro Dios se convierte en nuestro gozo, consuelo, guía, maestro, y de manera especial *luz* en todos los sentidos: luz interior, luz a nuestro alrededor, luz revelada y luz reflejada, revelada

---

[5] AGUSTÍN DE HIPONA [353-429] comenta este versículo con estas hermosas y poéticas palabras: «El Señor me ilumina, ¡disípense las tinieblas!; él me salva, ¡aléjese toda debilidad!; pues caminando bajo su luz paso a paso, ¿a quién voy a temer? La salvación que Dios otorga nadie puede detenerla, y la luz con la que él ilumina nadie la puede escurecer. Si el Señor nos ilumina disponemos de luz, y si él nos salva estamos a salvo. Por consiguiente, siendo que cuando el Señor nos ilumina disponemos de luz y cuando él nos salva que somos salvos, la conclusión lógica es que, sin él, no seríamos más que tinieblas y debilidad. Pero dado que tenemos en él una esperanza cierta e inalterable, ¿de quién hemos de tener miedo? El Señor es mi luz, el Señor es mi salvación. Si dependiéramos de cualquier otro, por poderoso que fuera, tendríamos motivos para temblar; pero nos protege el más poderoso, el Todopoderoso. Él es quien me ilumina y me salva, por tanto, fuera de él a nada ni a nadie temo. El Señor es quien defiende mi vida, ¿de quién he de atemorizarme?». DIODORO DE TARSO [¿?-392] comenta sobre esto: «*"¿A quién temeré?* En realidad se trata de una afirmación en forma de pregunta, dado que la respuesta es obvia: 'A nadie'. Pues si el Señor es quien está conmigo, él ni teme ni puede temer a nadie». ORÍGENES [185-254] citando este pasaje en su refutación a Celso, se adentra en las posibles causas de ese temor y dice: «El cristiano no tiene motivos para amedrentarse ante nada, ni siquiera ante los demonios. Porque está protegido por el Dios todopoderoso que manda a sus ángeles defender a todos aquellos que por su piedad le producen complacencia y se hacen dignos de tal protección, a fin de que ni los demonios puedan causarles daño. Aquel que por razón de su piedad cuenta con el favor del Altísimo, porque se ha sometido y camina bajo la guía de Jesús, del "μεγαλης βουλης αγγελος" el *Ángel de Gran Concilio*" (Isaías 9:6 según traduce la versión griega *Septuaginta*), puede afirmar con absoluta confianza que no tiene nada que temer de nadie, ni siquiera de los demonios».

a nosotros y reflejada por nosotros a todos los que nos rodean. Fijémonos en que no se dice meramente *"el Señor me da luz,"* sino que concreta *"el Señor es mi luz"*[6]; no dice que da salvación, sino que él «es» salvación. Por tanto, aquel que por fe ha descansado en el Señor, está en posesión de todas las bendiciones del Pacto. No todas las luces son como el sol, pero el sol es el padre de todas las luces. Y establecido esto como axioma, como hecho irrefutable, el salmista prosigue exponiendo a continuación la conclusión que del mismo se desprende, y lo hace en forma de pregunta: *"¿a quién temeré?"*. Una pregunta que arrastra su propia respuesta: no hay razón para temer a los poderes de las tinieblas, puesto que Jesús, nuestra luz, los destruyó; tampoco la condenación del infierno tiene por qué amedrentarnos, porque el Señor es nuestra salvación. El desafío que David plantea aquí, dista mucho de aquellos alardes petulantes que en su día lanzara el bocazas de Goliat,[7] porque se basa en un fundamento muy distinto; no se apoya en la fuerza y vigor de un brazo de carne,[8] sino en el poder efectivo y real del Omnipotente, del YO SOY.[9]

Jehová es la fortaleza de mi vida. Aquí encontramos un tercer epíteto que brilla con luz propia, destinado a probar y demostrar con la más absoluta certeza que la esperanza del salmista estaba atada con un cordón de tres dobleces,[10] y por tanto imposible de romper. Nunca está de más que acumulemos calificativos de alabanza cuando el Señor es pródigo en otorgarnos los dones de su gracia. Nuestra

[6] Salmo 36:9; 104:2; Isaías 60:19.
[7] 1ª Samuel 17:8-11; 41-44.
[8] Jeremías 17:5.
[9] Éxodo 3:14.
[10] Eclesiastés 4:12.

vida obtiene toda su fuerza de él, que es su autor;[11] y si él
ha dispuesto que seamos fuertes no podemos debilitarnos
a causa de las maquinaciones del adversario, sean estas
cuales sean. ¿De quién he de atemorizarme? Una pregunta
audaz, que mira tanto al futuro como al presente. *"Si Dios
está con nosotros, ¿quién puede estar contra nosotros?"*,
ahora o en el futuro.[12]

C. H. S<small>PURGEON</small>

Jehová es mi luz y mi salvación; ¿de quién temeré?. La
mártir Alice Driver,[13] ante el tribunal que la examinaba de
herejía hizo enmudecer a los doctores que la interrogaban
que, al no poder rebatirla en una sola palabra, se miraron
atónitos unos a otros. Entonces ella les dijo: «¿No tenéis
nada más que decir? A Dios sea todo honor, puesto que no
podéis resistir al Espíritu de Dios en mí, una pobre mujer.
Soy la hija de un hombre pobre pero honrado, nunca he
ido a la universidad como vosotros; toda mi vida he traba-
jado guiando el arado y ayudando a mi padre en todo, por
lo que estoy agradecida a Dios; sin embargo, en defensa
de la verdad divina y la causa de mi Señor Jesucristo, por
su gracia os desafío a todos en el mantenimiento y defensa de ella. Y si mil vidas tuviera, mil vidas ofrecería por

---

[11] Hechos 3:15.
[12] Romanos 8:31.
[13] A<small>LICE</small> D<small>RIVER</small> [1528-1558], de Grundisburgh, fue arrestada en
tiempos de María I la Sanguinaria por orden del Juez Noone, por
estar en posesión de una Biblia en lengua inglesa. Ante el tribunal
inquisitorial tuvo la osadía de comparar a la reina María con Jeza-
bel, por lo que como castigo se ordenó que le cortaran las orejas.
Finalmente fue condenada a muerte y quemada en la hoguera en
Ipswich el 4 de Noviembre de 1558, en compañía de otro mártir,
Alexander Gooch.

amor de la misma». El canciller la condenó por esta acti-
tud desafiante, pero regresó a la cárcel gozosa.

Charles Bradbury
"A cabinet of jewels opened to the curious by a key of real
knowledge", 1785

Jehová es mi luz y mi salvación; ¿de quién temeré?.
El Evangelio de Juan nos dice que *"en Cristo estaba la
vida, y la vida era la luz de los hombres"*; pero añade
que *"la luz en las tinieblas resplandece, y las tinieblas
no prevalecieron contra ella"*[14]. Hay una gran diferencia
entre la *luz* y el ojo que la ve. Un ciego puede saber mucho teóricamente acerca del sol y de su brillo, pero para
él en particular, no brilla, no aporta luz. De igual modo el
conocimiento de que *"Dios es luz"*[15] es una cosa; y poder
decir: *"El Señor es mi luz"* es otra muy distinta. El Señor
debe ser la luz que nos haga más fácil el camino de la
vida, la luz que nos permita ver la dirección que debemos
seguir, la luz que nos separe de las tinieblas del pecado, la
luz que nos permita descubrir las faltas ocultas en nuestros corazones. Cuando él es *"nuestra luz"*, entonces es
también *"nuestra salvación"*. Nos ha prometido que nos
guiaría en justicia y rectitud: no sólo para mostramos el
pecado, sino también para librarnos de él; no sólo para hacemos ver cuánto aborrece él el pecado y la maldición que
éste acarrea, sino también para atraernos al amor divino y
eliminar en nosotros esa maldición. Si el Señor es quien
ilumina el camino de nuestra salvación, ¿a quién o a qué
hemos de temer? Nuestra vida está escondida con Cristo
en Dios.[16] Nosotros somos débiles, muy débiles, pero su

---

[14] Juan 1:4-5.
[15] 1ª Juan 1:5.
[16] Colosenses 3:3.

poder se perfecciona en nuestra debilidad.[17] Con el Señor comprometido a fortalecer nuestra vida, ¿de quién hemos de sentir temor?

"Sacramental Meditations on the Twenty-seventh Psalm", 1843

Jehová es mi luz. La *"luz"* que hace visibles todas las cosas.[18] Fue la primera cosa creada entre todas las cosas visibles; y si Dios lo hizo así para que nos fuera de ejemplo, o no, es algo que ignoro; pero desde entonces, y en imitación a la forma de proceder de Dios,[19] lo primero que hacemos siempre que intentamos asumir o hacer algo es, buscar *"luz"*.

SIR RICHARD BAKER [1568-1645]
"Meditations and Disquisitions upon certain Psalms", 1639

Jehová es mi luz. «Adorable Sol divino –exclamó San Bernardo–, no puedo caminar sin ti: ilumina mis pasos y proporciona a mi entendimiento, ignorante y obtuso, pensamientos dignos de ti. Adorable plenitud de luz y calor, sé el verdadero cenit de mi alma; disipa sus tinieblas, dispersa sus nubes, quema, seca y consume toda su suciedad

---

[17] 2ª Corintios 12:9.
[18] MATTHEW HENRY [1662-1714] comenta al respecto: «Los súbditos de David decían de él que era la antorcha de Israel (2ª Samuel 21:17). Y era ciertamente una lámpara que ardía y alumbraba (Juan 5:35); pero él confiesa que su luz no es propia como la del sol, sino prestada como la de la luna, ya que Jehová era su luz, metáfora que aquí significa protección y ayuda (Salmo 4:7; 36:10; 43:3; 44:4; Isaías 60:1), en el mismo sentido en que la luz expulsa la ansiedad que causan las tinieblas con sus peligros reales o imaginarios».
[19] Salmo 104:2.

e impurezas. ¡Sol divino, levántate, brilla en mi mente y no te pongas jamás!».

JEAN BAPTISTE ELIAS AVRILLON [1652-1729]
"L'année affective, ou Sentiments sur l'amour de Dieu"[20], 1707

¿A quién temeré? Ni los héroes espirituales ni los militares alcanzan sus hazañas hundidos en la cobardía. El coraje es una virtud necesaria. Y en el Señor tenemos el mejor fundamento para practicar una intrepidez impávida.

WILLIAM SWAN PLUMER [1802-1880]
"Studies on the Book of Psalms:
A Critical and Expository Commentary with Doctrinal and
Practical Remarks, 1867

¿De quién he de atemorizarme? No acabo de entender que haya cristianos con una profesión de fe tímida y vacilante. He visto a predicadores y profesores que son como un ratón jugando al escondite desde el agujero en el zócalo de una pared: asoman la cabeza para ver si hay peligro, y si no hay nadie cerca, se atreven a salir; pero en cuanto perciben el menor ruido vuelven a esconderse de inmediato. Siempre preocupados por el qué dirán, siempre temerosos de lo que les pueda pasar. A menos que seamos atrevidos, jamás podremos decir que somos sinceros para con Cristo. *O valoramos a Cristo* muy

---

[20] Famoso libro alegórico-devocional escrito originalmente en francés por Fray Jean Baptiste Elias Avrillon y traducido al castellano por Fray Joseph Calixto de Orihuela, religioso agustino. Impreso en Lima (Perú), en 1796 en la Imprenta de la Real Casa de los Niños Huérfanos bajo el título de: *"Sentimientos sobre el amor de Dios* o *Los treinta amores sagrados para cada día del mes".*

por encima de todo aquello que arriesgamos por él; o es como si *no lo valoráramos en nada.*

HENRY GEORGE SALTER
"The Book of Illustrations", 1840

Vers. 2. *Cuando se juntaron contra mí los malignos, mis angustiadores y mis enemigos, para comer mis carnes, ellos tropezaron y cayeron.* *[Cuando se juntaron contra mí los malignos, mis angustiadores y mis enemigos, para comer mis carnes, ellos tropezaron y cayeron. RVR77] [Cuando los malvados avanzan contra mí para devorar mis carnes, cuando mis enemigos y adversarios me atacan, son ellos los que tropiezan y caen. NVI] [Cuando para devorar mis carnes vinieron sobre mí los malhechores, mis adversarios y mis enemigos, ellos tropezaron y cayeron. LBLA]*

Cuando se juntaron contra mí los malignos, mis angustiadores y mis enemigos, para comer mis carnes, ellos tropezaron y cayeron. Este versículo registra todo un historial de liberaciones, y se erige en ejemplo de cómo debemos utilizar las experiencias pasadas para reafirmar nuestra fe en tiempos de tribulación. Cada una de sus palabras es instructiva.

Cuando se juntaron contra mí los malignos. Cuando los impíos nos aborrecen, cuando avanzan contra nosotros para devorarnos, hemos de verlo más bien como una señal de esperanza. Si nuestros enemigos fueran personas piadosas, sería una situación amarga y lamentable, pero tratándose de los malignos, es muchísimo mejor su odio que su amor.

Mis angustiadores y mis enemigos. Eran numerosos, los había de todos los tipos, pero actuaban unánimes en su maldad y acordes en su odio.

Se juntaron contra mí. Avanzaban en formación de ataque, lanzándose de un salto sobre la víctima como un león sobre su presa.

Para comer mis carnes. Para tragarle vivo; si hubieran podido lo hubieran devorado como caníbales; le hubieran descuartizado extremidad tras extremidad, preparando con sus carnes un banquete para celebrar su maldad.[21] Los enemigos de nuestras almas no son menos feroces que los

---

[21] Isaías 49:26. AGUSTÍN DE HIPONA [353-429] lo entiende del siguiente modo: «¿Y qué carnes son esas que pretenden devorar? Mis sentimientos carnales, pues a mis anhelos espirituales no tienen acceso. ¡Que se ensañen pues, si quieren, a través de la persecución, en este mi cuerpo mortal! Pues lo único en mí que puede morir es aquello que de por sí es ya mortal. Pero hay un reducto al que no tiene acceso el perseguidor: allí donde habita mi Dios. ¡Que devoren por tanto mis carnes; ya que una vez las hayan consumido seré sólo espíritu! Pero aún mis carnes el Señor me promete restaurarlas, puesto que lo evidente en la resurrección de la Cabeza es aplicable a todos los miembros. ¿A quién va a temer por tanto mi alma, sabiendo que es morada de Dios? ¿Y de quién han de atemorizarse mis carnes, sabiendo que han de ser restauradas, que esto corruptible ha de revestirse de incorrupción? (1ª Corintios 15:53). ¿Queréis acaso mejor razón para no temer por nuestras carnes aún cuando aquellos que nos persiguen pretendan devorarlas?: *"Se siembra cuerpo animal, resucitará cuerpo espiritual",* (1ª Corintios 15:44). ¡Qué dosis tan enorme de confianza demuestra el salmista con estas palabras: *"El Señor es mi luz y mi salvación; ¿de quién temeré? Jehová es el baluarte de mi vida; ¿de quién he de atemorizarme?"*. Al emperador lo protege constantemente su guardia personal, y ello hace que se sienta seguro. Pues si un mortal protegido por otros mortales se siente seguro; un mortal protegido por el Inmortal ¿de qué y de quién ha de atemorizarse?».

de David, no dan tregua, y su intención es no dejar despojos. Ved en qué situación de peligro tan terrible se encontraba el salmista, al alcance de las garras de numerosos, poderosos y crueles enemigos; y sin embargo, observad también su admirable seguridad y tranquilidad frente a la inquietud y turbación de sus adversarios.

Tropezaron y cayeron. El aliento de Dios hizo flaquear sus piernas. Se encontraron en el camino con obstáculos en los que no habían reparado, ante los cuales cayeron vergonzosamente y rodaron por el suelo de manera ignominiosa. En el caso de nuestro Señor en Getsemaní, esto sucedió literalmente así, cuando los que habían acudido a prenderle cayeron de espaldas y rodaron por el suelo;[22] una anticipación profética de la lucha que en el futuro mantendrían también los creyentes, quienes imitando a su Maestro, después de orar de rodillas se levantarían con el poder de la fe para derribar a sus enemigos y hacerles morder el polvo.

C. H. Spurgeon

Cuando se juntaron contra mí los malignos, mis angustiadores y mis enemigos, para comer mis carnes, ellos tropezaron y cayeron. Para el paladar maligno no hay bocado más apetitoso que la carne de un enemigo; se lo traga entero, sin mascarlo, como los cormoranes se tragan los peces. Aunque si bien es cierto que la malicia tiene un estómago voraz, no es menos cierto que tiene una digestión lenta. Y a pesar de que sus dientes son afilados, sus pies son frágiles y se tambalean con facilidad; lo que jugó en favor de David, pues cuando avanzaron contra él para devorar sus carnes camina-

[22] Juan 18:6.

ban con pies maliciosos y *"tropezaron y cayeron"*. Uno puede tropezar, incluso llegar a tambalearse, y no por ello caer forzosamente; pero *tropezar y caer* es la manera habitual de tropezar de los malvados, y en especial de los malvados que actúan con malicia. Tal fue el tropiezo de los enemigos de David, porque actuaban con malicia; y tal será también el tropiezo de los nuestros si actúan de la misma forma. Y en este caso, ¿de quién he de sentir miedo? ¿por qué he de estar temeroso?

SIR RICHARD BAKER

Cuando se juntaron contra mí los malignos, mis angustiadores y mis enemigos, para comer mis carnes, ellos tropezaron y cayeron. El salmista describe a sus enemigos de dos maneras: en base su malicia y a su ruina.

1. Eran enemigos crueles, sedientos de sangre, devoradores de carne humana. Nosotros los llamamos caníbales. Ciertamente, los hombres que carecen de la gracia, si son poderosos y están en preeminencia, cuando se enfrentan uno con otro toda su grandeza se eclipsa, convirtiéndose más bien en demonios el uno para el otro.[23] La Escritura los describe como *"lobos nocturnos que no dejan hueso para la mañana"*[24]. Pues así como

---

[23] TITO MARCIO PLAUTO [254-184 a.C.] ya dijo en su comedia *Asinaria* aquello de *Lupus est homo homini, non homo, quom qualis sit non novit,* "el hombre, más que hombre, es un lobo para el hombre cuando le desconoce"; y el filósofo THOMAS HOBBES [1588-1679], lo resumió en el siglo XVII con su famosa frase de esto en *homo homini lupus,* "El hombre es un lobo para el hombre", afirmando que en el *"estado de naturaleza"* el hombre vive en guerra contra todos.

[24] Sofonías 3:3.

los peces grandes se comen a los pequeños,[25] los hombres prepotentes no sienten más peso en la conciencia por comerse a otro ser humano que por comer una rebanada de pan. *"Devoran a mi pueblo como si comiesen pan"*[26].

2. Pero a pesar de su crueldad, fueron derribados. David dice que *"cuando se juntaron para devorar mis carnes, tropezaron y cayeron"*. Y así sucede, por regla general, que cuantas veces son liberados los hijos de Dios, casi siempre es provocando gran confusión entre sus enemigos. Puesto que el acoso y agravio que padecen los hijos de Dios procede tanto de enemigos internos como externos, Dios los libera casi siempre causando gran confusión a todos. Algo que se hará mucho más patente el día del juicio de Satán y todas sus huestes, cuando serán arrojados al lugar que les corresponde, y la Iglesia quedará libre para siempre de todo tipo de enemigos. Cuanto más libre se siente la Iglesia, más cercana está la destrucción de sus enemigos; como los platillos de una balanza, cuando uno está arriba en un extremo, el otro está abajo, en el otro extremo. Así también, cuando la Iglesia se levanta y sube, sus enemigos descienden y van para abajo.

RICHARD SIBBES [1577-1635]
"The Successful Seeker"

Los malignos, mis angustiadores y mis enemigos. Los malvados odian a los santos; entre la simiente de la mujer y la serpiente hay enemistad ancestral.[27] Igual

---

[25] Salmo 7:2; 17;12; Job 19:22.
[26] Salmo 14:4.
[27] Génesis 3:15.

que sucede en la naturaleza, hay antipatía entre la vid
y el árbol de laurel, entre el elefante y el lagarto. Los
buitres sienten aversión hacia los olores placenteros; y
así también, hay en los malvados una antipatía contra
el pueblo de Dios, odian el suave perfume de sus gracias. Ciertamente los santos tienen también sus defectos; pero no es por causa de sus defectos ellos que los
malvados los odian, sino más bien por su santidad. Y
este odio engendra violencia directa: el ladrón odia la
luz, por tanto, lo primero que hace es destruirla.

THOMAS WATSON [1620-1686]
"The Beatitudes", 1660

Mis angustiadores y mis enemigos. ¡Cuánta sabiduría
en la oración de John Wesley[28] cuando dijo: «Señor, si he
de tener contiendas que no sean con tu pueblo». Cuando
tenemos como enemigos a quienes aborrecen a los buenos,
por lo menos nos queda la consolación de saber que Dios
no está de su lado, y por tanto, son esencialmente débiles.

WILLIAM SWAN PLUMER [1802-1880]
"Studies on the Book of Psalms:
A Critical and Expository Commentary with Doctrinal and
Practical Remarks", 1867

Vers. 3. *Aunque un ejército acampe contra mí, no te-*
merá mi corazón; aunque contra mí se levante guerra,
yo estaré confiado. [Aunque un ejército acampe contra
mí, no temerá mi corazón; aunque contra mí se levan-
te guerra, yo estaré confiado. RVR77] [Aun cuando un

---

[28] Se refiere a JOHN WESLEY [1703-1791], fundador del Movimiento
Metodista.

ejército me asedie, no temerá mi corazón; aun cuando una guerra estalle contra mí, yo mantendré la confianza. NVI] [El Aunque un ejército acampe contra mí, no temerá mi corazón; aunque en mi contra se levante guerra, a pesar de ello, estaré confiado. LBLA]

Aunque un ejército acampe contra mí, no temerá mi corazón; aunque contra mí se levante guerra, yo estaré confiado. Antes de que se inicie el combate, cuando las tropas están ya frente a frente, el corazón del guerrero alcanza sus límites de tensión y es cuando más aceleradamente palpita. Un ejército acampado y en formación de batalla infunde mayor temor que el propio combate. Young[29] nos dice que: «Hay personas que experimentan un terror tan atroz a la muerte, que en sus ansias de evitarla la sufren y padecen mil veces». Para las mentes temerosas, la anticipación de los acontecimientos es una causa de tristeza y desesperación más real, prolífica e intensa que las propias dificultades cuando suceden.[30] Sin embargo, la fe envuelve la columna vertebral del coraje con una capa de yeso fortificante, y arroja por la ventana el poso de la copa del miedo.

---

[29] Se refiere a ROBERT YOUNG [1822-1888], teólogo y editor escocés especializado en las lenguas bíblicas, conocido mayormente por su famosa *Young's Literal Translation* de la Biblia y su *Analytical Concordance of the Bible,* aunque publicó otras obras importantes, como su *Concise Commentary on the Holy Bible,* que cita Spurgeon.
[30] *"Las cosas que más preocupación me han causado y que peores ratos me han hecho pasar en la vida, han sido cosas que nunca me han sucedido, pero que yo de algún modo anticipaba que podían sucederme".* ¡Cuánta sabiduría encierra esta frase! (Nota del Traductor).

Aunque contra mí se levante guerra, yo estaré confia-do. Cuando finalmente se produzca el combate, cuando llegue por fin el momento de empujar las picas y cruzar las espadas, el escudo de la fe parará el golpe y detendrá la carga. Y suponiendo que el primer asalto no sea más que el inicio de la guerra, las banderas de la fe seguirán ondeando en medio del campo de batalla, por encima de todos los enemigos. Aunque se produzca una batalla tras otra, y una campaña bélica de paso a otra, el creyente no desmayará jamás a causa de la duración del conflicto. Lector, este tercer versículo no es más que una inferencia del segundo, la consecuencia lógica y reconfortante del anterior; pues la confianza es hija de la experiencia. ¿En alguna ocasión has sido librado de grandes peligros? Si es así, enarbola tu estandarte, aguarda tranquilo junto a la hoguera de tu campamento, y deja que el enemigo se estrelle.

C. H. Spurgeon

Aunque un ejército acampe contra mí, no temerá mi co-razón; aunque contra mí se levante guerra, yo estaré con-fiado. El salmista se plantea la posibilidad del peor de los peligros: *"aunque un ejército acampe contra mí"*. ¡Esto sí que es una demostración de coraje frente al futuro![31] Pero

---

[31] Así lo entiende también Agustín de Hipona [353-429] que comenta: «¡Esto sí que es un alarde de seguridad y confianza! Pero mirándolo bien, nada tiene de extraño. Pues, ¿quién puede declararme la guerra? ¿Quién puede arrebatarme la esperanza? ¿Quién puede despojarme de aquello que me ha concedido el Todopoderoso? Puesto que si Aquel que me lo ha concedido no puede ser derrotado, tampoco aquello que me ha dado puede ser objeto de despojo: la posibilidad de que el receptor del don fuera despojado de aquello que le ha sido dado, equivaldría a una derrota para el donante. Por tanto, hermanos míos, sabed que aún aquellas cosas

como dice el refrán: «*La experiencia alimenta la confianza y brinda esperanza*». Por sí mismo, David no era un hombre de tanto coraje como podamos pensar; pero sobre la base de sus previas experiencias de ayuda y consuelo de parte de Dios, su fe surge cual llama por encima del humo, cual rayo de sol que atraviesa una nube. Pese a que se encuentra en una situación extrema y su lógica humana está perpleja, en lo que respecta al futuro su experiencia y, en consecuencia, su confianza en la bondad de Dios son de tal magnitud que no teme a nada. Para aquel que a través de la fe ve a Dios en toda la grandeza de su poder, las demás cosas de aquí abajo le parecen nimiedades. Y en consecuencia, no duda en declarar enfáticamente que no le preocupa en absoluto lo que pueda suceder a causa de la oposición que lo asedia. No, ni siquiera la de un ejército entero, pues: *"Si Dios es con nosotros, ¿quién contra nosotros?"*[32]. David había visto a Dios en la majestad de su poder; y después de esto, mirando hacia la criatura desde

---

materiales que de Dios hemos recibido de modo temporal, nadie nos las puede arrebatar fuera de Aquel que nos las ha dado. Pues aunque ocasionalmente de la sensación de que es otro quien nos las arrebata, jamás podría hacerlo sin contar con su consentimiento. Como bien leemos y aprendemos en el libro de Job, ni siquiera el diablo puede hacer nada contra nosotros sin el consentimiento divino (Job 1:6-12)». Y ORÍGENES [185-254] en su *"Exhortación a los mártires"* utiliza estas palabras del salmista para animar a los cristianos de su época ante las dificultades, diciéndoles: «Lo más probable es que el profeta se refiera con estas palabras a nuestro Salvador, quien jamás tuvo temor de nadie, porque tenía en su corazón la luz y la salvación del Padre; y nunca se amedrentó ante nada, porque contaba en derredor suyo con la protección de Dios. Por ello su corazón se mantuvo firme aun cuando el ejército entero de huestes del Maligno acampó contra él».

[32] Romanos 8:31.

la perspectiva de Dios no duda en decir: ¡Vamos! pero...
¿quién es éste?. Como Micaías, a quien después de haber
visto a Jehová sentado en su trono, ¿qué le importaba el
rey Acab?[33] Así también el profeta David, después de haber visto a Dios una vez, no duda en exclamar: *"Aunque
un ejército acampe contra mí, no temerá mi corazón"*.

RICHARD SIBBES [1577-1635]
"The Successful Seeker"

*Aunque un ejército acampe contra mí, no temerá mi
corazón; aunque contra mí se levante guerra, yo estaré
confiado.* Si amo de corazón a mi Dios y con un espíritu noble, todos mis enemigos luchan en vano; no les
temo en absoluto, pues aún cuando el mundo entero se
volviera contra mí no lograría causarme daño. El amor
jamás puede sentirse ofendido, porque no da importan-
cia a la ofensa. Enemigos, envidiosos, difamadores, ca-
lumniadores, perseguidores: Yo os desafío; porque os
amo. Y si amo, triunfaré sobre todos vuestros ataques.
Podréis arrebatarme todos mis bienes, pero si mi amor
tiene un espíritu generoso siempre seré lo suficientemente rico; el amor no podéis arrebatármelo, y por sí
solo vale más que todas las riquezas y tesoros. Podéis
manchar mi reputación, pero fácilmente puedo prescin-
dir de todo tipo de honores, alabanzas y aplausos; por
tanto, os doy de corazón vía libre para que me acuséis y
me difaméis. Afortunadamente ante Dios no podéis di-
famarme; y para mí, su estima y aprecio me compensa
por vuestro desprecio y por todo lo que podáis arrebatarme. Podréis perseguir mi cuerpo y maltratarlo, y en
eso todavía os ayudaré y colaboraré con vosotros con

---

[33] 1ª Reyes 22:19-23.

mis penitencias; pues cuanto más pronto se extinga mi vida, más pronto me veré libre de ese enemigo terrenal que es mi cuerpo, y que no me es más que una carga. ¿Qué daño, pues, me podéis hacer? Si estoy resuelto a sufrirlo y soportarlo todo, y si considero que merezco todos los actos de violencia y brutalidad que podáis cometer conmigo, lo único que podréis lograr atacándome es proporcionar más nobleza de espíritu a mi amor, y más brillantez a mi corona.

JEAN BAPTISTE ELIAS AVRILLON [1652-1729]
"L'année affective, ou Sentiments sur l'amour de Dieu", 1707

Aunque un ejército acampe contra mí, no temerá mi corazón; aunque contra mí se levante guerra, yo estaré confiado. Aquellos que se muestran dispuestos a combatir *por Dios*, serán más que vencedores también *en Dios.* Nadie dispone de tanto coraje como el cristiano verdadero; pues si vive, sabe muy bien para quién vive y qué es lo que le mantiene en pie; y si muere sabe también de sobra para quién muere.[34] Allí donde no hay una confianza en Dios plena y absoluta, no es posible mantener una comunión constante y fluida con él. Cuando el viento de la fe deja de soplar y de hinchar las velas, el barco de la obediencia deja de surcar los mares. Las burlas de Ismael nunca conseguirán que Isaac desestime su herencia.[35]

WILLIAM SECKER [¿?-1681]
"The Nonsuch Professor", 1660

---

[34] Romanos 14:8-9.
[35] Génesis 21:9.

Vers. 3-4. El valido[36] y el favorito aumentan su poder y su fortuna con los constantes favores, joyas, regalos y prebendas con que el príncipe los colma. El cristiano aumenta su riqueza a través de sus *experiencias,* que luce cual brazaletes y guarda como sus joyas más preciadas. A una llama *"Ebenezer"*: *"hasta aquí me ayudó el Señor"*[37]; a otra *"Neftalí"*: *"he luchado con Dios y he vencido"*[38]; a otra *"Gersón"*: *"forastero soy en tierra extraña"*[39]; a otra *"José"*: *"añádame Jehová"*[40]; y a otra *"Peniel"*: *"Vi a Dios cara a cara"*[41]. El salmista se hace el siguiente razonamiento encadenado: Me libró del *león;* por tanto, también me librará del *oso;*[42] y si fui librado del león y del oso, por supuesto, también me librará de los *filisteos;* y si me libró de los filisteos, me librará de *Saúl;* y si me libra de Saúl, me librará de todo mal y me preservará libre de culpa hasta que llegue a su reino celestial.

JOHN SHEFFIELD [1608-1680]
"Cripplegate Morning Exercises"

Vers. 4. *Una cosa he demandado a Jehová, ésta buscaré; que esté yo en la casa de Jehová todos los días de mi vida, para contemplar la hermosura de Jehová, y para inquirir en su templo. [Una sola cosa he pedido a*

---

[36] Antiguamente se conocía como llamaba *"valido"* a aquellos hombres que tenían la total confianza de un monarca o dignatario y ejercían el poder en su nombre.

[37] 1ª Samuel 7:12.

[38] Génesis 30:8.

[39] Éxodo 2:22.

[40] Génesis 30:24.

[41] Génesis 32:30.

[42] 1ª Samuel 17:37.

*Jehová, y la vengo buscando: Que repose yo en la casa de Jehová todos los días de mi vida, para contemplar la hermosura de Jehová, y para inquirir en su templo. RVR77]
[Una sola cosa le pido al Señor, y es lo único que persigo: habitar en la casa del Señor todos los días de mi vida, para contemplar la hermosura del Señor y recrearme en su templo. NVI] [Una cosa he pedido al Señor, y ésa buscaré: que habite yo en la casa del Señor todos los días de mi vida, para contemplar la hermosura del Señor, y para meditar en su templo. LBLA]*

Una cosa. Fijarse metas y objetivos diversos tiende a la distracción, debilita el esfuerzo, y acaba por conducir al fracaso. El hombre de un solo libro se hace eminente;[43] quien persiste en el mismo ideal triunfa. Tratemos de unificar nuestros afectos en un solo haz, y lograr que éste se centre en las cosas celestiales.[44]

---

[43] Se trata de una referencia a la locución latina «hominem unius libri» atribuida a Tomás de Aquino [1225-1274] y cuyo significado viene a ser "más vale estudiar un único tema (libro) de manera sólida y exhaustiva, que muchos de manera superficial", o como dice el refrán español coloquialmente "quien mucho abarca, poco aprieta". Se cuenta que Tomás de Aquino la pronunció de la siguiente forma: «hominem unius libri timeo», "temo al hombre de un solo libro", en el sentido de temer al adversario intelectual que por haberse dedicado al estudio de un solo tema lo domina mejor que nadie.

[44] De este mismo parecer se muestra Agustín de Hipona [353-429], quien dice: «¿Queréis manteneros libres de todo temor? Pedid una sola y única cosa. Pues ¿qué cosa pide el que nada teme o qué cosa busca con el fin de no temerle a nada? *Una sola y única cosa,* –dice el salmista– *he pedido al Señor, y esa buscaré".* La misma que buscan todos aquellos que siguen el camino del bien. ¿Y qué

He demandado. Justo es que deseemos aquello que no podemos conseguir de inmediato. Dios nos juzga y valora, en gran medida, por los deseos de nuestros corazones. Si un jinete cabalga en un caballo cojo, su lentitud no será motivo de represión por parte de su amo, siempre y cuando quede demostrado que trató de ir lo más deprisa que le fue posible dentro de las circunstancias, y que su deseo sería el de avanzar más rápido si su montura se lo permitiera. Dios acepta los deseos y buena voluntad de sus hijos con el mismo agrado y beneplácito que si se tratara de hechos.

A Jehová. He aquí la meta correcta y acertada de todos nuestros deseos, el pozo donde hundir nuestros cubos y llenar nuestros recipientes vacíos, la puerta a la que llamar, el banco sobre el cual librar nuestros cheques.[45] Centrad vuestros deseos en los hombres, y permaneceréis como Lázaro sentados sobre un estercolero;[46] dirigidlos en cambio a Dios, y los ángeles os transportarán al Seno de Abraham. Nuestros deseos y demandas a Jehová deben ser santificados, humildes,

---

cosa es esa? *"Habitar en la casa del Señor todos los días de mi vida".* ¡Esta es la única cosa que anhela, porque sabe que en ella se hace fuerte!»

[45] Spurgeon tenía un cariño especial a esa idea, hasta el punto que llegó a escribir un conocido libro devocional con meditaciones cada día del año titulado *Faiths' Checkbook,* que ha sido un betseller en los países de habla inglesa hasta nuestros días. Fue publicado por CLIE en español bajo el título de *El libro de cheques del banco de la fe,* 1943.

[46] Aunque el texto bíblico no dice literalmente que Lázaro estuviera sentado sobre un estercolero, sino simplemente "echado a la puerta" del rico (Lucas 16:20), la tradición de los Padres de la Iglesia y con ella la tradición cristiana en general lo ha interpretado y pintado así. Spurgeon utiliza aquí la palabra inglesa *"dunghill".*

constantes, sumisos, fervientes y a ser posible, como
eran los del salmista, centrados en una sola cosa, fundi-
dos en una sola masa. Dadas las circunstancias penosas
en las que se hallaba David, cabría esperar que hubiera demandado seguridad, reposo, y posiblemente mil
cosas más en beneficio propio; pero no, pone todo su
corazón en buscar la perla de gran precio, y se olvida
de todo lo demás.[47]

Ésta buscaré. Los deseos santificados deben conducir a
una acción resuelta. Dice un viejo refrán que: «Los deseos
no llenan el saco».[48] Los deseos no son más que semilla, y
deben ser sembrados en el suelo fértil de la actividad; de
lo contrario, no traen cosecha. A menos que vayan acompañados de esfuerzos prácticos, nuestros deseos no son
más que nubes sin lluvia.[49]

*Habitar en la casa del Señor todos los días de mi
vida*. En beneficio de su comunión con el gran Rey, David anhelaba morar permanentemente en palacio; más
que cansarlo y aburrirlo, el culto y actividades del Tabernáculo lo entusiasmaban, y buscaba como el mayor
placer de su vida la manera de participar constantemente
en ellas. Más que todas las cosas, deseaba formar parte
del conjunto de habitantes de la casa de Dios, sentirse
cual hijo que habita en casa junto a su Padre. Este es
también nuestro más querido y anhelado deseo, sólo que
nosotros lo extendemos a los días futuros de nuestra vida
en la inmortalidad, que no han amanecido todavía. Sentimos nostalgia de la casa de nuestro Padre allá arriba, del
verdadero hogar de nuestras almas; y si podemos morar

---

[47] Mateo 13:44-46.

[48] También cabría añadir, de manera complementaria aquí el refrán
castellano que dice: *"A Dios rogando y con el mazo dando"*.

[49] Proverbios 25:14.

allí para siempre, poco nos importan ya los bienes o los males de esta pobre vida terrena.[50] La *"Jerusalén Dorada"*[51] es el único y verdadero objetivo de todos los deseos y anhelos de nuestro corazón.

Para contemplar la hermosura de Jehová. Una actividad propia de los verdaderos adoradores, tanto en la tierra como en el cielo. Nunca deberíamos acudir a la iglesia, entrar en las asambleas y reuniones de los santos con el propósito de ver ni de ser vistos, o meramente de escuchar al predicador; nuestra participación en las congregaciones de los justos debe ir siempre encaminada al propósito santo de aprender más del amor del Padre, más del nombre glorioso de Jesús, más de los misterios del Espíritu; a fin de que podamos contemplar con mayor admiración y adorar con mayor reverencia la gloria de nuestro Dios. ¡Qué expresión tan hermosa es esta! *"la hermosura de Jehová".* ¡Detente a pensar en ella, amado lector! O mejor aún, ¡contémplala por medio de la fe! Qué escena tan hermosa será aquella cuando todos los fieles seguidores de Jesús contemplen *"al Rey en su hermosura"*[52]. ¡Oh, qué visión tan infinitamente bendita! *Y para inquirir en su templo.* Nuestras visitas a la Casa del Señor deberían ser verdaderas reuniones de inquiridores. El propósito de los

---

[50] Salmo 23:6.

[51] Alude al famoso himno inglés *Jerusalem The Golden,* "Jerusalém dorada", basado en un poema escrito por el monje de la Abadía de Cluny BERNARD DE MORLAIX en 1146: *Urbs Sion Aurea,* que describe las glorias de la Jerusalén Celestial. Fue traducido del latín al inglés por JOHN MANSON NEALE [1816-1866] y luego se le aplicó una hermosa melodía compuesta por Alexander Ewing. Era uno de los himnos más famosos de la Inglaterra victoriana y lo sigue siendo en nuestros días. Se cantaba con mucha frecuencia en el *Metropolitan Tabernacle.*

[52] Isaías 33:17.

cultos no es exclusivamente el de alcanzar con el evangelio a los pecadores, sino también el de garantizar que los creyentes son inquiridores. Debemos inquirir constantemente sobre la voluntad de Dios y la manera de cumplirla; inquirir sobre la ciudad celestial y cómo podemos sentirnos más seguros de ella. En el cielo no tendremos necesidad de inquirir, ya no nos hará falta preguntar nada, porque conoceremos como fuimos conocidos;[53] pero entre tanto, mientras estamos aquí en la tierra, deberíamos sentarnos a los pies de Jesús,[54] y poner los cinco sentidos, activar al máximo todas nuestras facultades para aprender más y más de él.

C. H. SPURGEON

Una cosa he demandado a Jehová, ésta buscaré; que esté yo en la casa de Jehová todos los días de mi vida, para contemplar la hermosura de Jehová, y para inquirir en su templo. Los comentaristas e intérpretes de la Biblia discrepan en sus opiniones respecto a qué se refiere concretamente el salmista con estas palabras. Yo las entiendo en sentido amplio y generalista, esto es, que David se refiere a la relación y comunión con Dios, esa *"cosa única"* que cuando un cristiano posee ya no aspira ni desea nada más. Se trata de algo que todos deberíamos desear constantemente y anhelar con todo nuestro corazón, pues basta para satisfacer todas nuestras necesidades: el deleite de estar en comunión con Dios y contemplarlo en su santo templo por medio de sus ordenanzas. ¡Dígnate a concedernos, Señor, este inmenso privilegio! Algo tan infinitamente dulce que constituía el único deseo del salmista en

---

[53] 1ª Corintios 13:12.
[54] Lucas 10:39.

la tierra, la suma de todos sus anhelos; y por supuesto, y mucho más aún, en el tabernáculo del cielo, que constituye la plenitud y consumación de nuestra felicidad.

JOHN STOUGHTON [1593-1639]
"Choice Sermons", 1640

Una cosa he demandado a Jehová, ésta buscaré; que esté yo en la casa de Jehová todos los días de mi vida, para contemplar la hermosura de Jehová, y para inquirir en su templo. David había resuelto hacer *una sola* petición al Señor, pero ¿por qué no pidió algo más importante y de mayor trascendencia? Porque, ¡vamos!, vaya petición tan nimia y deseo tan limitado, el de *morar en la Casa del Señor.* Y ¿con qué propósito? ¿Qué se proponía hacer allí? Pues únicamente *ver.* ¿Y ver qué? La *hermosura.* ¿La hermosura? ¿Algo que se desvanece? Bueno, también para *inquirir.* ¡Inquirir! ¿Y qué es inquirir? ¿Tener noticias de una cosa? ¿Eso es todo? ¿Acaso hay en todo ello algo que justifique la petición de David? Ah, no yerres alma mía juzgando la parte por el todo; analiza la petición del salmista en toda su plenitud ¿Qué pide? Pues pide *"Contemplar la hermosura de Jehová, inquirir en su templo".* Y ahora dime ¿puede haber alguna petición mejor, algo más digno de anhelo? Porque si bien la hermosura terrenal es algo que se desvanece, *la hermosura del Señor* es algo que permanecerá cuando el mundo no exista ya más; y si bien el inquirir sobre las cosas que suceden en el mundo es cosa vana, *inquirir en el Templo de Dios* es la mejor manera de aprender que nada hay nuevo bajo el sol, pues allí es donde Salomón aprendió que *"todo es vanidad"*[55]. Esta "una cosa" que David desea es,

---

[55] Eclesiastés 1:2.

ciertamente, el *"unum necessarium"*, "una sola cosa necesaria", de la que Cristo nos habla en el evangelio;[56] esto es, la buena parte que María escogió, que es la misma que David desea con todas las fuerzas de su corazón.

Sir Richard Baker [1568-1645]
"Meditations and Disquisitions upon certain Psalms", 1639

Una cosa he demandado a Jehová, ésta buscaré; que esté yo en la casa de Jehová todos los días de mi vida, para contemplar la hermosura de Jehová, y para inquirir en su templo. Una ferviente oración de David que muchos hacen suya y repiten con las mismas palabras, pero no con el mismo corazón. *"Unam petii a Domino"*, "una cosa al Señor", sujeto; *"hanc requiram"*, "he demandado", esto es verbo *"de praeterito"*, en "tiempo pasado"; "ésta buscaré", en tiempo futuro, de ahora en adelante. Lo he demandado por largo tiempo y mantendré la urgencia de mi demanda hasta que se me conceda. ¿Y cuál es la demanda? ¿Habitar en alguna de las casas del Señor todos los días de mi vida y después dejarla de herencia a mis hijos? ¿Morar en ella no para servirle con mayor devoción sino para poder convertirla en mi propiedad particular? Hay algunos que aman y anhelan *"en exceso"* la casa del Señor; la aman para poseerla y retenerla. Mas como su comportamiento se asemeja más al de un abogado que al de un ministro del evangelio, al final su título de propiedad quedará reducido a la nada; y si no hay un *nisi prius*[57]

---

[56] Lucas 10:42.

[57] Nisi Prius es un concepto jurídico que se utilizaba en Inglaterra desde la época medieval hasta la Ley de Reforma de la Judicatura de 1873. La expresión significa *"a menos que haya tenido lugar una previa"*. En esa época, todas las causas civiles se iniciaban en Londres, pero como en aquellos tiempos trasladarse a Londres era

que los prevenga, cuando llegue el gran día de la auditoria universal, el Juez del mundo los condenará sin remedio. Los que actúan de ese modo, cuanto más permanecen en la iglesia más lejos están de Dios. El propósito del templo es ganarnos a nosotros para Dios acercándonos a él; no el de apropiarnos nosotros de él arrebatándoselo a Dios. Si de veras amamos al Señor, amaremos morar en su casa y habitar donde su honor habita, a fin de que siendo humildes y asiduos feligreses de su casa terrenal, seamos santificados y hechos dignos moradores de su casa celestial en el reino glorioso de nuestro Señor Jesucristo.

THOMAS ADAMS [1583-653]
"Mystical bedlam, or the world of mad-men", 1615

Una cosa he demandado a Jehová, ésta buscaré; que esté yo en la casa de Jehová todos los días de mi vida, para contemplar la hermosura de Jehová, y para inquirir en su templo. Sintiéndose protegido y en posición segura, ¿en qué centra David sus aspiraciones y qué es lo que anhela como objetivo primordial para su futuro? No hace como Pirro,[58] rey de Epiro, que cuando hubo vencido a

---

complejo y costoso, la ley establecía que una vez el pleito había sido iniciado en Londres, las partes y el jurado deberían estar presentes en Londres para la vista del juicio en un día determinado "a menos que", *"nisi prius"*, la causa hubiera sido expuesta y resuelta en sesión judicial de uno de los tribunales de la demarcación del condado, conocidos como *"assizes"*.

[58] Se refiere a PIRRO I, rey de Epiro, que en el 280 a.C. desembarcó en la península Itálica con sus falanges macedonias y una veintena de elefantes, desconocidos hasta aquella época en la península, para hacer frente a las legiones romanas. En la primera batalla, que se desarrolló cerca de Heraclea, las tropas de Piro consiguieron una sonada victoria, aunque con un importante coste de vidas. Después

los romanos y a todos sus enemigos, se quedó sentado a disfrutar de la vida, como reconoció personalmente a su embajador, el filósofo Cineas;[59] sino que se dedica a perfeccionar su piedad del mejor modo posible, acudiendo día tras día a la casa del Señor, como se dice que hacía la profetisa Ana en tiempos de Jesús.[60] En primer lugar, para solaz de su alma, contemplando la hermosura del santuario (27:4). En segundo lugar, para ser dirigido por el camino correcto y poder mantener de ese modo su posición de seguridad (27:5). En tercer lugar, para que su gloria real

---

del invierno, ambos ejércitos volvieron a enfrentarse en el 279 a.C. junto a la ciudad de Ausculum, y de nuevo vencieron, aunque esta vez las tropas de Pirro quedaron tan mermadas que ni siquiera pudieron perseguir a los romanos en su retirada, por lo que cuenta la tradición que tras la victoria, cuando sus generales lo felicitaban por el éxito, exclamó *"¡Otra victoria como ésta y estaré vencido, o regresaré a Epiro sin un solo hombre!"*. Pero Pirro, deslumbrado por sus éxitos, se entregó a la buena vida y se olvidó de la necesidad de recomponer su ejército, lo que hizo que en una nueva batalla el 275 a.C. las legiones romanas devastaran totalmente sus tropas. De ahí deriva la expresión *"victoria pírrica"* para calificar todos aquellos logros que se consiguen con fuertes pérdidas propias, con más daño para el vencedor que para el vencido, o con un coste excesivo y desproporcionado a los resultados obtenidos.
[59] Se refiere a Cineas, ministro de Tesalónica, amigo y consejero del rey Pirro; destacado orador y diplomático. Pirro lo mandó a Roma después de la batalla de Heraclea para proponer a los romanos un tratado de paz. Pero al no tener éxito en sus gestiones, regresó al lado de Pirro diciéndole que tratar con el Senado era como tratar con toda una asamblea de reyes donde cada uno tenía su propia opinión, y que por tanto, querer batallar con ellos era como querer vencer a la Hidra, comparando así el Senado Romano a la Hidra de Lerma, el mítico animal imposible de vencer, pues cuando le cortaban una cabeza inmediatamente le crecían dos nuevas.
[60] Lucas 2:36,37.

fuera objeto de una mayor exaltación (27:6a). Y en cuarto y último lugar, y por si todo lo anterior no fuera razón suficiente, para ofrecer sacrificios y cantar salmos a Dios sin cesar (27:6b).

JOHN MAYER [1583-1664]
"A Commentary upon the whole Old Testament", 1653

Una cosa. La mente celestial se centra en un único deseo y no anhela nada más: *"Una cosa he demandado a Jehová, ésta buscaré"*. ¡Concédeme, Señor, el privilegio de permanecer en comunión contigo; otórgame el don de poder tenerte a ti, no pido nada más! La nueva criatura no pide a Dios nada en especial, fuera de poder disfrutar de la compañía Señor. Concédeme la comunión contigo, Señor, y que Siba se quede con todo lo demás.[61] Renuncio a todo con tal de poder comprar esa perla única,[62] la más preciada de la gracia celestial.

JEREMY TAYLOR [1613-1667]
"Christian Consolations", 1840

Una cosa. El orden de prioridades de David queda establecido mediante esta declaración enfática: *"Una cosa"*. Y Jesús confirma la elección del salmista cuando dice a María: *"sólo una cosa es necesaria"*[63]. Por tres razones: en primer lugar, porque no se trata de una cosa cualquiera, sino del *bien supremo;* si algo hay por encima de él ya no es el bien supremo, y si algo igual a él ya no sería único. En segundo lugar porque constituye el *fin último* que todos perseguimos alcanzar y dis-

[61] 2ª Samuel 19:29-30.
[62] Mateo 13:45-46.
[63] Lucas 10:42.

frutar eternamente; si existe otro fin distinto más allá de éste, ya no es el fin último, sino una etapa intermedia, un escalón hacia él. Y aunque todos los fines parciales e intermedios forman parte de él, es visto como un ente en sí mismo, y por tanto, ha de ser uno solo. Y en tercer lugar porque es el *centro* donde convergen todos los espíritus que razonan. Así, como en un círculo, todas las líneas convergen en su centro, y todos aquellos que persiguen la felicidad convergen en el bien supremo como única cosa a la que tienden, y por consiguiente, debe ser *una sola cosa.*

WILLIAM STRUTHER [1578-1633]
"True Happiness, or King David's Choice", 1631

Una cosa. Cambios, importantes cambios; mi vida ha experimentado todo tipo cambios y padecido enormes vacíos; he sufrido un trasiego de recipiente en recipiente. Pero hay algo que nunca me ha fallado y que me ha hecho sentir como si mi vida fuera un solo ente estable y compacto; algo que ha temperado mis alegrías y suavizado mis tristezas, que me ha guiado en las dificultades y fortalecido en las debilidades: la *presencia de Dios;* de un Dios fiel, amoroso y real. Sí, hermanos, la presencia de Dios no sólo es *luz,* es también *unicidad.* Otorga *unicidad* al corazón que en él cree y confía, y *entidad* a la vida que se moldea y conforma su semejanza. Fue la presencia de Dios en el alma de David lo que le capacitó para decir: *"Una cosa he demandado a Jehová",* y la que permitió a San Pablo afirmar: *"Una cosa hago"*[64].

GEORGE WAGNER [1818-1857]
"Wanderings of the Children of Israel", 1862

---

[64] Filipenses 3:13.

Una cosa.

> *Hay en mi pecho una pasión dominante*
> *que cual la serpiente de Aarón,*
> *engulle a todas las demás.*[65]

ALEXANDER POPE [1688-1744]
"An Essay on Man; or The First Book of Ethic Epistles to
H. St. John L. Bolingbroke", 1733

Que esté yo en la casa de Jehová todos los días de mi vida. Estar de continuo en el templo y permanecer allí para refrescar continuamente su alma es, sin duda, la idea de ese *morar*[66] que usa aquí el salmista: no una visita esporádica de cuando en cuando, sino *vivir* allí. Así es como vivía Ana, hija de Fanuel, que no se apartó del templo ni de día ni de noche en ochenta y cuatro años.[67] No quiere decir eso, –como bien observan Lyra[68] y Beda el Venerable[69] en sus

---

[65] En el inglés original, *"One master passion in the breast, / Like Aaron's serpent, swallows up the rest."*

[66] En hebreo שִׁבְתִּי *šiḇtî* de יָשַׁב *yâshab,* "permanecer, asentarse en, morar".

[67] Lucas 2:35-37.

[68] Se refiere a NICOLÁS DE LYRA o NICOLAUS LYRANUS [1270-1349], monje franciscano francés, profesor en la Universidad de La Sorbona y erudito comentarista bíblico, conocido especialmente por su comentario bíblico *"Postillae perpetuae in universam S. Scripturam",* publicado en Roma en el 1471. Fue el primer comentario bíblico impreso, con el texto bíblico ilustrado situado en un recuadro y el comentario a su alrededor.

[69] Se refiere a BEDA EL VENERABLE [672-735], monje inglés del Monasterio de Saint Peter en Wearmouth, historiador y Doctor de la Iglesia. Prolífico escritor, su obra más conocida que le valió el título de "Padre de la Historia Inglesa" es su *Historia ecclesiastica gentis Anglorum,* "Historia Eclesiástica del Pueblo de los Anglos"; en *De Temporum Ratione,* obra de cronología y cosmología, plantea los problemas de los calendarios en relación a las fechas

respectivos comentarios– que permaneciera allí de continuo, sin salir del recinto ni por un momento, sino más bien
que visitaba el templo con mucha frecuencia. En ese mismo sentido nos cuenta Lucas que los discípulos de Jesús,
después de haber contemplado la ascensión del Maestro a
los cielos: *"Volvieron a Jerusalén con gran gozo, y estaban
siempre en el templo"*[70]. De Santa Mónica, madre de San
Agustín, se decía en su época que *moraba* en la Casa de
Dios, porque acudía sin falta dos veces al día. «Para poder escuchar a través de tus Escrituras, oh Señor, lo que tú
tenías que decirle –escribió San Agustín– y tú, lo que ella
quería decirte en sus oraciones». Así eran los cristianos en
aquella época, a quienes el mismo San Agustín describe en
otro pasaje como: *"las hormigas de Dios"*[71]. «Contemplad
la hormiga de Dios –dice– cómo se levanta temprano cada
mañana, corre hacia la iglesia de Dios y allí ora, escucha
la lección leída, canta un salmo, mastica todo lo que oye,
y acto seguido, lo medita, acumulando para sí el precioso
trigo que ha recogido en el suelo de tan precioso granero».

JOHN DAY [1566-1628]
"David's Desire to go to Church", 1609

---

litúrgicas cristianas. Sus obras, en todos los géneros, son muy numerosas, pero destacan en especial sus comentarios y trabajos de
exégesis bíblica. El calificativo *Venerabilis*, "venerable", se basa
en una leyenda en la que un "monje torpe" al escribir el epitafio
de su tumba fue incapaz de completar la frase *"Hac sunt in fossa
Bedae (…) ossa"* y dejó un espacio encontrándose al día siguiente
con que los ángeles lo habían rellenado con la palabra *"venerabilis"*. Este adjetivo se usaba agregado al nombre de Beda antes de
haber transcurrido dos generaciones posteriores a su muerte.
[70] Lucas 24:52-53.
[71] AGUSTÍN DE HIPONA [353-429] expone esta idea del cristiano
como *"Hormiga de Dios"* en su comentario al Salmo 63:3.

Que esté yo en la casa del Señor todos los días de mi vida. Al comenzar el salmo, David hace una auditoría de la contabilidad de su alma, computando los sustanciosos ingresos y constantes tesoros recibidos de la generosidad divina, de su gracia y misericordia, y que resume en la siguiente frase: "El Señor es mi luz y mi vida, mi fortaleza y mi salvación". Y siendo esto así, se plantea ahora una serie de lógicas preguntas: ¿Dónde establecer su morada sino allí donde está su luz? ¿Dónde afincar su persona sino allí donde radica su fortaleza? ¿Dónde desear que permanezca su alma sino allí donde está su vida? ¿Y dónde establecer su habitación sino allí donde está la fuente de su salvación? La respuesta a todas estas preguntas es: "En comunión permanente con su Dios"; y esto se disfruta de manera especial en el culto santo de su santuario. Nada tiene de extraño, pues, que el salmista exprese su deseo de *"una cosa"* por encima de todas las demás: *"morar en la casa del Señor.*

ROBERT MOSSOM [1617-1679]
"The preachers tripartite", 1657

La casa del Señor. (El tabernáculo, el santuario) Se llama "la casa del Señor" porque el Señor habita y está presente en ella; de la misma manera que los hombres habitan y se deleitan de estar en su casa propia.[72] Es el lugar donde encontrar a Dios, lo mismo que a cualquier persona se la puede localizar fácilmente en su casa y en

---

[72] AGUSTÍN DE HIPONA [353-429] comenta al respecto: «La llama casa, aunque más propiamente debería llamarla *"tabernáculo"* o *"tienda"*. Pues habitar en tiendas es propio de los soldados que están en campaña, de aquellos que se mantienen en lucha constante contra el enemigo; y eso es lo que hacemos nosotros mientras permanecemos en esta vida».

ella recibe a los que quieren hacerle propuestas y peticiones, o conocer sus secretos. Los hombres se alojan y descansan en sus casas, pues ¿qué lugar resulta tan familiar para un hombre como su propia casa? ¿Y qué otro lugar cuida y protege una persona con tanto esmero como su hogar? En él guarda su tesoro, todo lo que tiene de valor. De igual manera Dios tiene depositados todos los tesoros de su gracia y consuelo en la iglesia. En la iglesia es donde podemos hablar con él como hablamos a cualquier hombre en su casa; en ella nos proporciona dulces encuentros y mutuos besos espirituales: *"¡Oh, si él me besara con los besos de su boca!"*[73]. Puede decirse que para un hombre, su casa es su castillo, el cual protege con celo y diligencia y aprovisiona con la mayor solicitud; y Dios protege y provisiona también para su iglesia, por eso el salmista llama a la iglesia de Dios, es decir, al tabernáculo (que era la iglesia de aquella época), *la casa de Dios.* Si aplicamos sus palabras a nuestra propia época, concluiremos que el equivalente actual del tabernáculo son las iglesias físicas y visibles, con sus correspondientes pastores, donde se anuncian los medios de salvación. Las iglesias son actualmente el tabernáculo de Dios. La iglesia (asamblea) de los judíos era una Iglesia nacional; entonces había una sola iglesia, un solo lugar de reunión, un único tabernáculo; pero en la actualidad Dios ha erigido múltiples tabernáculos, uno para cada iglesia o congregación en particular bajo el cuidado de un pastor, y las reuniones que se celebran en cada iglesia independiente constituyen la actual *casa de Dios.*

RICHARD SIBBES [1577-1635]
"The Successful Seeker"

---

[73] Cantares 1:2.

La casa del Señor. ¡Recuerda oh, alma mía! ¡Qué visiones tan majestuosas has tenido en la casa de Dios! ¡Qué manjares tan deliciosos has saboreado en ella! ¡Cuánto solaz has disfrutado allí! ¡Cuántas peticiones cursadas en oración y respuestas recibidas! ¡Qué sensaciones tan agradables escuchando su Palabra! ¡Qué emoción cuando te has sentado a su mesa, las veces que te ha llevado a su salón de banquetes y ha extendido sobre ti la bandera de su amor! Todo lo que en ella has encontrado y de ella has recibido, no puedes sino recordarlo con gratitud y desear más y más de ello. Pues si esto es lo que hasta ahora has hallado en la casa de Dios, ¿cómo no vas a desear morar en ella para siempre?

DANIEL WILCOX [1676-1733]

Para contemplar la hermosura del Señor. Éste era el verdadero deseo del salmista, su objetivo y propósito final: morar en la casa del Señor. No para saciar sus ojos con miradas gratificantes (que tampoco estaban fuera de lugar, pues en el tabernáculo había cosas espectaculares por ver); sino para ocuparse en cosas mucho más profundas y espirituales, pues en todo lo que miraba veía belleza espiritual. Y eso es lo que realmente vale, todo lo demás son cosas externas, cosas aparentes, cosas temporales como bien las califica el apóstol.[74] David expresa su deseo de morar en la casa del Señor para *contemplar la hermosura del Señor,* esto es, la belleza interior de nuestro Dios.

RICHARD SIBBES [1577-1635]
"The Successful Seeker"

---

[74] 2ª Corintios 4:18.

La hermosura del Señor. En conexión con estas palabras trataremos de demostrar que el carácter de nuestro
Dios es atractivo y adecuado para inspirar en nosotros un
amor profundo hacia él que nos lleve a desearlo con vehe-
mencia. Vamos a exponer el tema en tres apartados:

I.   Algunos elementos básicos de la hermosura
del Señor.

II.   Dónde puede ser contemplada la hermosura
del Señor.

III.   Rasgos peculiares de la hermosura del Señor.

I. *Algunos elementos básicos de la hermosura del
Señor.* Dios es espíritu; por tanto su belleza es de naturaleza espiritual, y sus elementos deben entenderse
bajo la perspectiva de la perfección espiritual.

1. Uno de esos elementos es la hermosura de su
santidad.

2. Pero los elementos de la hermosura divina
que queremos exponer son los que se incluyen bajo
la descripción general de su gracia y misericordia.
Pues su atractivo es detectado con mayor facilidad
y su influencia percibida con mayor rapidez por las
personas en su condición caída. Básicamente es a través
de la instrumentación de esto que los pecadores son
conquistados y alejados de su enemistad con Dios, y que
el Espíritu Santo derrama sin reservas el amor de Dios en
nuestros corazones.

3. Otro de los elementos de la hermosura de Dios, es
la combinación de sus diversos atributos en un solo ente
armonioso. Los colores del arco iris, vistos por separado
uno a uno, son ciertamente hermosos; pero cuando se
mezclan formando el arco en las nubes reflejan una
belleza especial que no posee ninguno de ellos en
solitario y que no se daría si esos colores no se mezclaran
entre sí en franjas variables; su belleza particular
es producto de su ensamblaje y emana de la propia

mixtura que irradian. De forma similar, las múltiples perfecciones que coexisten y se unifican en la naturaleza de Dios producen al combinarse una hermosura gloriosa. La santidad es hermosa; la misericordia es hermosa; la verdad es hermosa; pero por encima de todas ellas, hay una hermosura especial que surge de sus múltiples combinaciones y armonías, y que el salmista nos describe cuando dice: *"La misericordia y la verdad se encontraron; la justicia y la paz se besaron"*[75]; y también: *"Tu misericordia llega hasta los cielos, oh Señor, y tu fidelidad alcanza hasta las nubes; tu justicia es como los montes de Dios, y tus juicios abismo grande"*[76].

II. *Donde puede ser contemplada la hermosura del Señor.* Lo siguiente que vamos a inquirir es dónde podemos contemplar la hermosura de Dios. En principio podemos verla en el mundo físico, en *la naturaleza.* El trono de la naturaleza, a pesar de estar rodeado en algunos aspectos particulares de nubes negras y oscuridad, no está menos dotado de su propio arco iris de belleza que el trono de la gracia. La hermosura del Señor puede ser contemplada en las *leyes morales.* ¿En la ley? –alguien se preguntará. Sí, incluso en la ley; pues aún la ley inflexible, con sus terribles condenaciones y anatemas, brilla con una hermosura y afabilidad extraordinarias. La ley está repleta de amor y las obligaciones de la ley son obligaciones de amor; pues el cumplimiento de la ley es amor, y el propósito de la maldición de la ley es la preservación del amor. La obediencia a la ley y el reino del amor, no son sino aspectos distintos de un mismo estado de cosas. Y una de las lecciones más sublimes de la ley la de que Dios es amor. Y por supuesto, la hermosura del Señor podemos contemplarla en el *evangelio.* En la ley

[75] Salmo 85:10.
[76] Salmo 35:5-6.

simplemente la vemos reflejada, en el evangelio la contemplamos de manera abierta y directa. La ley nos muestra los corazones de los hombres tal como Dios querría que fueran; el evangelio nos muestra el interior del propio corazón de Dios. Además, vemos la hermosura del Señor en *Cristo*: podemos contemplarla en él porque él es el resplandor de la gloria del Padre y la imagen misma de su sustancia;[77] y el que ha visto a Cristo, ha visto al Padre.[78] La hermosura del Señor es visible en Cristo cuando lo consideramos como el don del Padre y miramos sus funciones y su carácter. El carácter de Cristo fue el más perfecto espectáculo de belleza moral que hombres o ángeles hayan contemplado jamás.

III. *Rasgos peculiares de la hermosura del Señor*. Concluiremos, pues, mencionando algunas de las peculiaridades de la hermosura del Señor.

1. No es engañosa.
2. No es pasajera ni se desvanece.
3. Nunca pierde su poder.
4. Nunca decepciona.

ANDREW GRAY [1805-1861]
"Gospel Contrasts and Parallels", 1862

La hermosura de Jehová. La *hermosura* del Señor que es posible contemplar en su casa, no es la hermosura de su esencia, puesto que ningún hombre puede ver a Dios y seguir viviendo,[79] y ante su gloria los ángeles se cubren el rostro con sus alas.[80] Se trata, por tanto, de la hermosura de sus ordenanzas a través de las cuales Dios se revela a los ojos de la mente humana, que iluminada por su Espíri-

[77] Hebreos 1:3.
[78] Juan 14:9.
[79] Éxodo 23:18-20.
[80] Isaías 6:1-2.

tu percibe la belleza de su bondad, justicia, amor y misericordia en Jesucristo.[81]

THOMAS PIERSON [1570-1633]
"The cure of hurtfull cares and fears", 1636

La hermosura de Jehová. La palabra traducida aquí por *"hermosura"*[82] es demasiado limitada para expresar la plenitud del Espíritu Santo y la afabilidad o deleite de Dios. Si la consideramos en sentido general y según nuestra propia apreciación, vemos que es aplicable a todos los sentidos, tanto internos como externos. Dios revelado en sus ordenanzas es *"hermosura"* no tan sólo a los ojos del alma, sino que es también ungüento de perfume al olfato y dulzura al gusto. En una palabra, es el todo a todas las potencias del alma. Y Dios en Cristo, por tanto, es especialmente dulce y deleitoso. *La hermosura del Señor* emana de la buena voluntad y disposición de Dios, que brotando de su amor y misericordia embellece todas las demás cosas con las que entra en contacto, a saber, la Iglesia.

RICHARD SIBBES [1577-1635]
"The Successful Seeker"

---

[81] SCHÖKEL lo explica de la siguiente forma: «El sintagma significa en sentido propio disfrutar de la belleza, contemplar con gozo la belleza. Como el Señor no está representado en imagen y su presencia es sólo de gloria, la expresión es aquí símbolo que expresa la inefable experiencia de Dios. La experiencia sensorial se toma como símbolo de la espiritual (aplicación de sentidos)». FRANCISCO LACUEVA [1911-2005] en una nota suya al "Comentario de Matthew Henry" considera que la frase *"la hermosura de la santidad"* significa "la belleza de los sagrados atavíos con que los sacerdotes se vestían y oficiaban en el santuario".

[82] En hebreo בְּנֹעַם־יְהוָה *bənō'am-Yahweh* de נֹעַם *nô'am,* "hermosura, favor, complacencia".

Para inquirir en su templo. Cuanta más sea la gracia que tengáis mayores serán las obligaciones y ocupaciones que, poco a poco iréis descubriendo, tendréis para con Dios en sus ordenanzas. La gracia limitada conlleva pocas obligaciones, mientras que la gracia abundante implica muchas. El salmista tenía constantemente quehaceres con Dios, fervorosas y entusiastas ocupaciones, como esta misma de *"contemplar la hermosura de su santidad e inquirir en su templo"* ¡Mirad, –se decía constantemente– aún me queda algo por preguntar; todavía me resta un deber que cumplir, y por tanto, no puedo perder el tiempo en cosas superfluas! Quien va de visita a casa de un amigo como mero acto de cortesía, habla de mil fruslerías, discute cosas intrascendentes y tan pronto puede regresa de nuevo a su hogar. Pero el que va en visita de negocios, va al grano y se consagra en resolver los asuntos pendientes tratando de no perder solo minuto, como aquel siervo fiel y diligente de Abraham, al cual: *"pusieron delante de comer, más él dijo: No comeré hasta que haya dicho mi mensaje"*[83]. Por mi parte, yo estoy convencido que tengo asuntos importantes que tratar con mi Señor, respecto a la iglesia y en relación a mi alma, y por tanto no voy a comer, no voy a charlar, no voy a pensar, no voy a perder el tiempo en nada, hasta que no haya transmitido mi mensaje al Señor, o escuchado el mensaje que mi Hacedor desea comunicarme. Y os digo que no es nada fácil albergar constantemente dentro del alma un tema que plantear delante del Señor, tener el corazón henchido de alguna necesidad o petición que exponerle y debatir con él; poder exclamar, como el salmista: *"Rebosa mi corazón palabra buena"*[84].

RICHARD STEELE
"Antidote against Distractions", 1673

---

[83] Génesis 24:33.
[84] Salmo 45:1.

Vers. 5. *Porque él me esconderá en su tabernáculo en el día del mal; me ocultará en lo reservado de su morada; sobre una roca me pondrá en alto.* *[Porque él me esconderá en su tabernáculo en el día del mal; me ocultará en lo reservado de su morada; sobre una roca me pondrá en alto. RVR77] [Porque en el día de la aflicción él me resguardará en su morada; al amparo de su tabernáculo me protegerá, y me pondrá en alto, sobre una roca. NVI] [Porque en el día de la angustia me esconderá en su tabernáculo; en lo secreto de su tienda me ocultará; sobre una roca me pondrá en alto. LBLA]*

Porque él me esconderá en su tabernáculo en el día del mal; me ocultará en lo reservado de su morada; sobre una roca me pondrá en alto. Este versículo aclara la razón, excelente razón, que impulsa al salmista a desear la comunión con Dios, a saber, que él le proporcionará seguridad en la hora del peligro.

En el día de la aflicción. Esto es, en día de la necesidad, en aquel día cuando todos los demás se olviden de mí, él *"me resguardará en su morada"*, me esconderá en lo más recóndito de su tienda, me ocultará en su pabellón, me proporcionará el mejor de los refugios ante el peor de los peligros. El pabellón real se erigía siempre en el centro mismo del lugar donde estaba el ejército acampado, y estaba rodeado constantemente de los soldados más fuertes y valerosos que lo custodiaban a todas horas, día y noche. Así es como el creyente permanece escondido y resguardado en paz, no por sí mismo, como un furtivo, sino por el rey que le ofrece su hospitalidad; y protegido por el poder omnipotente de la soberanía divina.

Me esconderá en el secreto de su tabernáculo. El sacrificio se une a la soberanía en inspeccionar a los elegidos para protegerlos del mal. En los tiempos del Antiguo Testamento nadie osaba entrar en el lugar santísimo, bajo pena de muerte;[85] si el Señor ha escondido allí a su pueblo, ¿qué enemigo se atreverá a molestarlo?

Sobre una roca me pondrá en alto. La inmutabilidad, la eternidad y el poder infinito acuden también para sumarse a la soberanía y el sacrificio en la función protectora.[86] ¡Qué dichosa es la posición del hombre a quien Dios mismo ha situado en alto por encima de sus enemigos, afirmando sus pies sobre la roca inexpugnable que jamás será tomada por asalto![87] Bien nos vale la pena el deseo de morar con el Señor que protege a su pueblo de manera tan efectiva.

C. H. Spurgeon

En el día de la aflicción. A pesar de que Dios no siempre libra a sus hijos de la aflicción, lo que sí hace siempre es librarlos del peor de los males de la aflicción, esto es,

---

[85] Números 18:7.

[86] En hebreo בְּצוּר יְרוֹמְמֵנִי *bəṣûr yərōwmmênî*. Kraus indica al respecto que en la tradición del santuario de Sión el término hebreo צוּר *tsûr*, "roca" o "el monte de Jehová", es: «aquella roca arquetípica, rodeada míticamente por las aguas, y a la que no pueden llegar los envites del caos (Isaías 30:29; Sal 28:1; 61:3).

[87] Así lo entiende también Agustín de Hipona [353-429]: «Cristo asumió en carne la identidad de ese tabernáculo y se convirtió para nosotros en santuario, en lo escondido y reservado del mismo, para ofrecernos refugio y protección en él a todos los que somos suyos porque en él creemos. Como afirma el apóstol cuando dice: *"Porque estáis muertos, y vuestra vida está escondida con Cristo en Dios"* (Colosenses 3:3).

del desespero, proporcionándoles fortaleza de espíritu necesaria. Pero ¿los libra de la aflicción? No, lo que hace es librarlos por medio de la aflicción, santificando la aflicción para sanar sus almas, y librándolos de las aflicciones mayores con aflicciones menores.

Extraído de un *Broad Sheet*[88] archivado en el *British Museum*
Impreso para D. M. Londres, 1678

Me esconderá. El verbo hebreo que utiliza aquí el salmista para decir: *"me esconderá"*[89] implica dos acciones: ocultar y también defender o proteger. Se aplicaba propiamente a todo aquel que habiendo logrado escapar de un contexto de opresión o de un peligro inminente, era ocultado en algún lugar, casa o cueva, y protegido a salvo de sus perseguidores o de cualquier otra amenaza de peligro.

ALBERT BARNES [1798-1870]
"Notes, critical, explanatory, and practical, on the book of Psalms", 1868

Pabellón.[90] La versión inglesa King James utiliza aquí la palabra *"pavillión"* (pabellón) que nuestra Reina-Valera traduce por *"tabernáculo"*. La palabra pabellón deriva del francés y del latín *papilion – papilio:* mariposa. Se

---

[88] En Inglaterra se denomina *broadsheet* a los periódicos de gran formato, que suelen considerarse más serios que los llamados tabloides. Antiguamente se imprimían en una sola página y se vendían en las calles. Trataban todo tipo de asuntos, desde baladas a sátiras políticas incluidas las reflexiones religiosas.

[89] En hebreo יִצְפְּנֵנִי *yişpənênî* de צָפַן *tsâphan,* "esconder un tesoro o algo muy valioso que es preciso mantener oculto y proteger con gran eficacia".

[90] En hebreo אָהֳלוֹ *'āholōw* de אֹהֶל *ohel,* "tienda".

aplica a una *tienda de campaña* hecha de tela y sostenida mediante un armazón de postes, cuya forma estructural se asemeja a la de una mariposa.

ADAM CLARKE [1760-1832]
"Commentary on the Whole Bible", 1831

Me esconderá en lo secreto de su tabernáculo. Alude a una antigua costumbre que permitía a los que habían cometido una ofensa escapar y refugiarse en el tabernáculo o altar, donde se consideraban seguros.[91]

MATHEW POOLE [1624-1679]
"English Annotations on the Holy Bible", 1683

En lo secreto de su tabernáculo. Y si aún allí no fuera lugar lo suficientemente seguro, me pondría en el *lugar santísimo,* donde ningún enemigo se atrevería a penetrar o siquiera aproximarse.

ADAM CLARKE [1760-1832]
"Commentary on the Whole Bible", 1831

Vers. 6. Luego levantará mi cabeza sobre mis enemigos que me rodean, y yo sacrificaré en su tabernáculo sacrificios de júbilo; cantaré y entonaré alabanzas a Jehová. *[Luego levantará mi cabeza sobre mis enemigos que me rodean, y yo sacrificaré en su tabernáculo sacrificios de júbilo; cantaré y entonaré alabanzas a Jehová. RVR77] [Me hará prevalecer frente a los enemigos que me rodean; en su templo ofreceré sacrificios de alabanza y cantaré salmos al Señor. NVI] [Entonces será levanta-*

---

[91] 1ª Reyes 2:28.

*da mi cabeza sobre mis enemigos que me cercan; y en su
tienda ofreceré sacrificios con voces de júbilo; cantaré, sí,
cantaré alabanzas al Señor. LBLA]*

*Luego levantará mi cabeza sobre mis enemigos que
me rodean, y yo sacrificaré en su tabernáculo sacrificios
de júbilo; cantaré y entonaré alabanzas a Jehová.* El
salmista se muestra absolutamente seguro y convencido
de todo lo que afirma.[92] Los santos de los tiempos
antiguos oraban con una fe firme, sin fluctuaciones ni
vacilaciones de ningún tipo, y hablaban de la respuesta
a sus oraciones con una certeza absoluta, más allá de
todo cuestionamiento. David, por fe, estaba tan seguro
de obtener una victoria gloriosa sobre todos aquellos
que lo asediaban y acosaban, que en su corazón estaba
ya trazando planes sobre lo que haría cuando todos sus
enemigos yacieran postrados ante él; planes que, por lo
que puede verse, rebosaban gratitud.

Sacrificaré en su tabernáculo sacrificios de júbilo.[93]
Ese lugar santo, profundamente anhelado durante el con-

---

[92] En la cultura oriental la expresión *"levantar la cabeza por encima
de los enemigos"* era un símbolo claro de victoria y exaltación, como
podemos ver claramente en otros pasajes (Salmo 3:3; 83:2; 110:7).
[93] SCHÖKEL ofrece esta interesante explicación con respecto a esta
expresión hebrea única זִבְחֵי תְרוּעָה *zibḥê tərū'āh, "sacrificios de júbilo"*: «Por la construcción gramatical, el segundo sustantivo espe-
cifica el primero, como en *zbhy slmym, "sacrificios de comunión";
zbh twda, "sacrificio de acción de gracias"; sbh sdq, "sacrificio
legítimo"*. Resta pues definir el sentido de תְרוּעָה *trw'h.* En el campo militar es el grito de guerra que enardece a la tropa e intimida
al enemigo; como el *alalazein* de los griegos, el *ululatus* de los
romanos, el alarido de los árabes. En el campo cultico puede ser el
toque o bando que convoca a la celebración (Levítico 23:24; 25:9),

flicto, sería el primero en recibir el gozo de su agradecimiento cuando regresara triunfante. No habla de celebrar festejos en su palacio, ni de organizar banquetes en sus salones, sino que elige el gozo santo como lo más apropiado para celebrar su liberación divina.

Cantaré y entonaré alabanzas y cantaré salmos al Señor. El voto se confirma mediante repetición y se esclarece y refuerza mediante una adición, en la que se compromete a cantar alabanzas y a dedicarlas y consagrarlas todas exclusivamente al Señor. ¡Que el mundo permanezca en silencio, si ese es su deseo; pero el creyente, una vez su oración es escuchada y atendida, hará que sus alabanzas de gratitud sean también escuchadas por doquier! ¡Que el mundo cante, si ese es su deseo, la gloria de sus vanidades; mas el creyente reserva su música únicamente para el Señor!

C. H. Spurgeon

Luego levantará mi cabeza sobre mis enemigos que me rodean. Una persona no se ahoga mientras logre mantener la cabeza fuera del agua. Pues bien, esa es exactamente la función que la esperanza aporta al cristiano en épocas de peligro,[94] *"Cuando estas cosas comiencen a suceder,*

---

o inicia la procesión (Números 10:5); son también aclamaciones de júbilo al Señor (Números 23:21); en otros salmos significa la aclamación, los vítores (Salmo 33:3; 47:6; 89:15-16; 150:5). Caben dos interpretaciones: sacrificios que consisten en aclamar festivamente al Señor, o sacrificios acompañados de vítores celebrando el triunfo del Señor».

[94] Agustín de Hipona [353-429] hace una curiosa y peculiar interpretación de esta frase: «Nosotros, como cuerpo de Cristo, seguimos todavía soportando a nuestros enemigos, pues no hemos sido aún levantados por encima de ellos. Pero nuestra Cabeza, Cristo,

*erguíos y levantad vuestra cabeza, porque vuestra reden-
ción está cerca"*[95]. Según cómo se mire, parece un contra-
sentido, casi una extravagancia, que Jesús ordenara a sus
discípulos *levantar su cabeza* en medio de una situación
tan compleja, en medio del desfallecimiento en los corazones de los demás habitantes de la ciudad ante el temor
y la expectación por las cosas que habrían de suceder en
la tierra.[96] Tal es, no obstante, su momento glorioso, su sol
despunta por el horizonte cuando el de los demás se pone
y la oscuridad hace presa de ellos; pues ahora es cuando
llega el momento de la fiesta para el cristiano, el banquete para el cual ha estado reservando su estómago durante
tanto tiempo: *"Vuestra redención está cerca"*. Dos cosas
hay que hacen a un hombre agachar la cabeza: el miedo y
la vergüenza; y la esperanza alivia el corazón del cristiano
del peso de ambas, eso sí, exigiéndole a cambio no mos-
trar en su ánimo gesto alguno de desaliento, ni reflejar en
su semblante decaimiento.

WILLIAM GURNALL [1617-1679]
*"Christian in complete armour, or, a treatise of the saints
war against the Devil"*, 1655

*Y yo sacrificaré en su tabernáculo sacrificios de jú-
bilo.* «Está bien –dirán algunos– pero igualmente podía
haber invocado a Dios fuera de las premisas del templo, pues dondequiera que se encontrara como exilado
errante llevaba siempre consigo las preciosas promesas

---

sí ha sido ya levantada, y está en el cielo. De modo que pese a que
nuestros enemigos puedan seguir ensañándose contra nosotros, es
decir, con el cuerpo, cabe decir propiamente que nuestra Cabeza ya
ha sido levantada por encima de ellos».
[95] Lucas 21:28.
[96] Lucas 21:26.

de Dios, por tanto, ¿qué necesidad tenía de poner tanto énfasis en la visión material del edificio físico? ¿Acaso no da la sensación –dejándonos llevar por nuestra burda imaginación–, como si tratara de acotar a Dios dentro del perímetro delimitado por la madera o la piedra de una estructura material?». Si examinamos sus palabras con más detalle, fácilmente nos daremos cuenta que su propósito era muy distinto a una mera contemplación física de la fábrica material del noble edificio, o de sus ornamentos materiales, por muy majestuosos y costosos que fueran. Sin duda se está refiriendo al tabernáculo; pero no habla de su belleza refiriéndose tanto a lo que podía contemplarse con los ojos físicos, como a lo que simbolizaba, al hecho de que se trataba de un modelo celestial revelado por Dios a Moisés: *"Mira y hazlos conforme al modelo que te ha sido mostrado en el monte"*[97]. El salmista dirige sus ojos y todos sus afectos al diseño y la construcción del tabernáculo, que no había sido hecho conforme a la sabiduría humana sino a imagen y semejanza de las cosas espirituales. Es una locura detestable, por tanto, que algunos distorsionen esta idea en defensa del uso de pinturas e imágenes, las cuales en lugar de merecer ser contadas entre los ornamentos del templo son más bien como estiércol y bazofia, que corrompen la pureza de las cosas santas.

JUAN CALVINO [1509-1564]

---

[97] Éxodo 25:40. SCHÖKEL identifica en esta segunda parte del salmo diez peticiones, cinco positivas y cinco negativas: POSITIVAS: *escucha, ten piedad, respóndeme* (27:7); *enséñame, guíame* (27:11). NEGATIVAS: *no escondas, no me rechaces, no me abandones, no me desampares* (27:9); *no me entregues* (27:12).

Vers. 7. *Oye, oh Jehová, mi voz con que a ti clamo; ten misericordia de mí, y respóndeme.* *[Oye, oh Jehová, mi voz con que a ti clamo; ten misericordia de mí, y respóndeme. RVR77] [Oye, Señor, mi voz cuando a ti clamo; compadécete de mí y respóndeme. NVI] [Escucha, oh Señor, mi voz cuando clamo; ten piedad de mí, y respóndeme. LBLA]*

Oye, oh Jehová, mi voz con que a ti clamo; ten misericordia de mí, y respóndeme. El péndulo de la espiritualidad oscila de la oración a la alabanza.[98] La voz que estaba en el versículo anterior afinada al son de la música, aquí se transforma en llanto. Cual buen soldado, David sabía bien cómo manejar sus armas, lo que le permitía sentirse cómodo con el arma de la *"oración"* en la mano. Fijémonos en la profunda ansiedad que manifiesta de ser escuchado. A los fariseos no les importaba un comino que el Señor los oyera con tal que fueran oído por los hombres o pudieran halagar su orgullo con sus bullangueras devociones; pero para el cristiano verdadero, lo que vale es que el Señor le oiga.

Mi voz con la que a ti clamo. Orar en voz alta es provechoso, incluso cuando oramos a solas en privado; pues aunque sea innecesario, muchas veces resulta de ayuda y sirve para evitar las distracciones.

---

[98] AGUSTÍN DE HIPONA [353-429] dice que: «El gemido es propio de los desesperados, la oración de los necesitados, la alabanza de los gozosos y agradecidos. El gemido se convierte en oración, y la oración se transforma en alabanza; termina el llanto y deja paso al gozo. Mientras habitamos en este mundo, en el día de nuestras desdichas no debemos cesar en nuestra oración, pidiendo insistentemente al Señor hasta conseguirla esta *"sola y única cosa"* que pedía el Salmista, y logrando con ello que el Altísimo pase a ser nuestro dador y guía».

Ten misericordia de mí. La misericordia es esperanza para los pecadores y refugio de los santos; todos aquellos que legítimamente apelan a Dios, se apoyan de una u otra forma en este atributo divino.

Y respóndeme. Lo normal es que esperemos respuesta a nuestras oraciones; y no obtenerla se nos puede hacer difícil, como suele suceder cuando escribimos una carta a un amigo consultándole un asunto importante para nosotros y no recibimos respuesta.

C. H. SPURGEON

Vers. 8. *Mi corazón ha dicho de ti: Buscad mi rostro. Tu rostro buscaré, oh Jehova. [Cuando tú dices: Buscad mi rostro, mi corazón responde: tu rostro buscaré, oh Jehová. RVR77] [El corazón me dice: «¡Busca su rostro! y yo, Señor, tu rostro busco. NVI] [Cuando dijiste: ¡Buscad mi rostro!, mi corazón te respondió, "Tu rostro, Señor buscaré." LBLA]*[99]

---

[99] Se trata de un texto complejo y de muy difícil traducción, por lo que cada traductor lo ha entendido y resuelto a su manera, siendo todas ellas conjeturas. La *Vulgata* traduce *"Tibi dixit cor meum: Exquisivit te facies mea; faciem tuam, Domine, requiram.";* la versión aramea o *Peshitta* traduce *"mi rostro busca tu rostro".* SCHÖKEL señala en una interpretación literal del texto: *"A ti dice mi corazón: Buscad mi rostro; tu rostro busco Señor"* que resulta incongruente, puesto que no cabe entender que la frase: *"buscad mi rostro"* se la pueda decir el salmista a Dios, si no que debe ser el Señor quien la pronuncia en indicativo, como en Oseas 5:15 y 2ª Crónicas 7:14. KRAUS concluye que, por lo que se desprende de otros pasajes, «El llamamiento encarecido para que se busque el rostro de Yahvé en todas las aflicciones debió desempeñar un gran

Mi corazón ha dicho de ti: Buscad mi rostro. Tu rostro buscaré, oh Jehová. Este versículo nos enseña que si pretendemos que el Señor escuche nuestra voz, por nuestra parte hemos de estar dispuestos a responder a *su* voz. Cual los peñascos de los Alpes repiten las dulces notas del corno[100] que tocan los pastores, así todo corazón sincero debe hacerse eco de la voluntad de Dios. Observemos que el mandamiento está en plural: *"Buscad mi rostro"*, lo cual significa que es de aplicación general a todos los santos; por ello David aporta de inmediato su respuesta personal: *"Tu rostro buscaré, oh Jehová."* La voz del Señor resulta eficaz cuando todas las demás voces fallan.

Mi corazón te respondió. Lo más íntimo y profundo de mi naturaleza se sintió impulsada de inmediato a proporcionar una respuesta obediente. Observemos la prontitud y celeridad de la respuesta –dicho y hecho. Tan pronto como Dios dijo *"buscad"*, el corazón respondió *"buscaré"*. ¡Oh, si cada vez estuviéramos más y más dispuestos a este tipo de santidad! Es decir, a que Dios nos hiciera cada vez más dúctiles y moldeables mediante su mano divina y más sensibles por el toque de su Espíritu Santo.

C. H. SPURGEON

Cuando dijiste: ¡Buscad mi rostro!, mi corazón te respondió: Tu rostro, Señor buscaré. En el versículo anterior

---

papel en la vida del pueblo de Dios: Amós 5:4; Jeremías 29:12, y principalmente Salmo 50:15».

[100] Se refiere al instrumento conocido como CORNO ALPINO O ALPHORN, instrumento de madera de forma cónica y de grandes dimensiones (dos a cinco metros de largo) utilizado por los pastores en las montañas de los Alpes. Emite un sonido grave pero de tonalidad marcadamente dulce y melodiosa, de tal forma que de su melodía se dice que "embelesa y enamora".

(27:7), David ora a Dios: *"Oye, oh Jehová, mi voz con que a ti clamo; ten misericordia de mí, y respóndeme"*. Pues bien, en el siguiente (27:8), expone el fundamento de esa oración: *Buscad mi rostro,* dijo el Señor; y el corazón responde de inmediato: *Tu rostro, Señor buscaré;* por tanto, me siento estimulado a orar y exponerte mi petición. El texto presenta con la mayor claridad el mandato divino y la respuesta obediente de David; la autorización por parte de Dios y la consecuente acción de parte del hombre; la voz y el eco. La voz clama: *"Buscad mi rostro",* y un corazón agradecido retumba en respuesta desde la lejanía: *"Tu rostro, Señor buscaré".*

Es conveniente observar que la expresión *"Cuando dijiste"* no figura en el original hebreo, simplemente la añaden los traductores para aclarar el sentido.[101] Y no tiene por qué extrañarnos que no figure y que en hebreo la entrada sea abrupta, no deberíamos olvidar que los discursos apasionados, por regla general, son abruptos: *"Buscad mi rostro (...) tú rostro buscaré".* Dios quiere darse a conocer. Está dispuesto a revelarse y dejarse ver. No se deleita en esconderse; no nos mantiene siempre alejados de él, a una prudente distancia, como hacen algunos reyes y emperadores que creen que la cercanía disminuye el respeto. No,

---

[101] En hebreo: לְךָ אָמַר לִבִּי בַּקְּשׁוּ פָנָי אֶת־פָּנֶיךָ יְהוָה אֲבַקֵּשׁ: *ləkā 'āmar libbî aqqəšū pānāy 'eṯ pānekā Yahweh 'ăḇaqqeš.* MATTHEW HENRY [1662-1714] dice al respecto: «Es de notar que las primeras palabras están ausentes (por elipsis comprensible) del original. Para que se vea la solicitud con que David está presto a buscar el rostro de Dios, el original dice textualmente: *"A ti* (o de ti) *ha dicho mi corazón: "Buscad mi rostro. Tu rostro, oh Jehová, buscaré".* Es como si su corazón estuviese predicando continuamente el mensaje del Señor de buscarlo (Salmo 24:6; 105:4; Amos 5:6). Aquí, como se ve al comparar este versículo con el siguiente, buscar el rostro de Jehová equivale a pedirle auxilio».

Dios no es de esta clase, antes bien se complace en ser buscado. Cuando descubrimos algún tipo de debilidad en el ser humano, es habitual que si seguimos hurgando en su interior acabemos encontrando los límites de su excelencia; pero con Dios es completamente al revés; cuanto más lo conocemos, más hallamos en él qué admirar. De hecho, nadie lo admira tanto como los santos ángeles, que están constantemente en su presencia; o los espíritus puros que están en total comunión con él. Por tanto, no se esconde ni se oculta a sí mismo; no, todo lo contrario, desea ser conocido, y todos aquellos que tienen su Espíritu desean darlo a conocer. Aquellos que suprimen y eliminan de su mente la noción de Dios y el conocimiento de su voluntad, que se despreocupan de lo que Dios hace por los seres humanos y demanda de ellos en contrapartida, son enemigos de Dios y del pueblo de Dios. Excluyen de su vida toda relación con Dios, o lo que es peor, deciden hacer todo lo contrario de lo que él dice y pretende. Pues cuando dice *"Buscad mi rostro"* es como si nos dijera: «Mi deseo es que me conozcáis, y con tal propósito, me hago accesible y me abro plenamente a vosotros». Por ello, digámoslo claramente, cuando las situaciones se complican y el horizonte se oscurece, y el cristiano no alcanza a ver los rayos de la luz divina brillando sobre él, jamás debe culpar a Dios, como si fuera Dios el que se complace en esconderse y ocultar su presencia. ¡Oh, no!, ése no es su propósito, y nada hay más lejos de su deleite. Jamás quiere mostrarse extraño a sus pobres criaturas, pues eso no forma parte de su estilo; su afecto hacia ellas es demasiado grande como para actuar de semejante manera (Escoger=amar). No, cuando nos da la sensación de que Dios se ha alejado de nosotros, la causa está única y exclusivamente en nosotros. En que no andamos como es digno de su presencia; en que carecemos de la necesaria humildad y adecuada preparación. Si nos vemos envueltos en la oscuridad y nos da la sensación de que Dios ha dejado de brillar en nosotros como solía hacerlo, sin ninguna duda la causa está en nosotros; porque Dios ha dicho: *"Buscad mi rostro"*. Y su deseo es revelarse a nosotros y permanecer a nuestro lado.

RICHARD SIBBES [1577-1635]
"The Successful Seeker"

Cuando dijiste: ¡Buscad mi rostro!, mi corazón te respondió: Tu rostro, Señor buscaré. Todas las acciones del Espíritu son oportunas y a tiempo. Por tanto, no hay razón para demorarlas o postergarlas, porque los retrasos son una forma de negación y entrañan un amargo sabor de desprecio muy desagradable. *"Cuando dijiste: ¡Buscad mi rostro!, mi corazón te respondió: Tu rostro, Señor buscaré."* Dios no sólo espera a su llamado, sino que espera una respuesta inmediata; sea de donde quiera que sople con su viento,[102] espera que nosotros extendamos las velas. Si rehusamos la ayuda cuando Dios nos la ofrece, mereceremos echarla de menos cuando la necesitemos y la busquemos. Sabedores de cómo Cristo se retiró de su esposa porque ella lo mantuvo llamando largamente a la puerta de su corazón sin darle entrada, demorándose en abrir la puerta con excusas frívolas y vanas hasta que él se cansó y se marchó;[103] no debemos olvidar ni omitir uno solo de los deberes que nos plantea e invita a realizar; no debemos contristar sus influencias mostrándonos cansados de las obligaciones mediante las que nos ofrece su asistencia; pues si no aceptamos con

---

[102] Juan 3:8.
[103] Cantares 5:2-8.

gratitud los talentos que pone en nuestras manos y los multiplicamos;[104] si no cobramos ánimo al saber que él está a nuestro lado; si planteamos excusas y demoras; estamos provocando que se retire de nosotros, que se vaya y nos abandone.

TIMOTHY CRUSO [1657-1697]
"Twenty Four Sermons Preached at the Merchants Lecture at Pinners Hall"
Sermon X, Preached April 7, 1696

Cuando dijiste: ¡Buscad mi rostro!, mi corazón te respondió: Tu rostro, Señor buscaré. Este versículo nos enseña una lección importante, que Dios es quien debe abrir el proceso; él es quien debe *iniciar* la acción antes de que nosotros podamos *completarla;* Dios debe buscarnos a nosotros antes de que nosotros podamos buscarlo a él. Es Dios quien debe desear que nos acerquemos a él, antes de que nosotros podamos aproximarnos a su presencia para exponerle nuestras cuestiones. Fuiste tú quien dijo: *"Buscad mi rostro"*, y fue a partir de ese momento, no antes, que mi corazón respondió *"Tu rostro, Señor buscaré"*.

THOMAS HORTON [¿?-1673]

Cuando dijiste: ¡Buscad mi rostro!, mi corazón te respondió: Tu rostro, Señor buscaré. Vemos aquí que Dios habla al corazón y le ordena orar. Es más, no sólo se lo ordena, no sólo impone la obligación a la conciencia diciendo «Eso es lo que debes hacer», sino que va mucho más allá, crea la oración misma. Como cuando en el principio dijo Dios *"Sea a la luz"* y fue la luz; ahora dice *"Sea la oración"* y la oración es. Esto es, derrama sobre el hombre un espíri-

---

[104] Mateo 25:14-30.

tu suplicante y de gracia, una disposición a orar; crea motivos, sugiere los argumentos y plantea ruegos. Hace que fluya ordenadamente y por sí misma toda una amalgama de pensamientos, de inquietudes, de cuitas, de gratitudes, de alabanzas, de tristezas y gozos; que dotándolos de la persistencia y anhelo necesarios, transforma en oración con impulso apremiante y amplitud de afecto. Debemos permanecer muy atentos a los momentos precisos en que Dios hace esto y no pasarlos por alto, aprovechando la oportunidad y descargando el golpe sobre el hierro cuando éste se halla todavía caliente, al rojo; pues es entonces cuando la oreja de Dios se muestra más dispuesta hacia nosotros. Una oportunidad única, como no hay otra, para plantearle los temas que nos interesan. Los que acuden a los reyes y tribunales a presentar súplicas y favores prestan mucha atención a lo que se conoce como *molissima fandi tempora,* esto es, "el momento oportuno para presentar la súplica"; cuando saben que los reyes y magistrados están de mejor humor, del cual esperan poder sacar partido. Imaginaos, pues, la oportunidad si es el propio rey quien abre el diálogo acerca del tema que ellos tenían intención de plantearle. Pues bien, eso es precisamente lo que nos dice el salmista que Dios hace con nosotros: *"Tú dispones tu corazón, y haces atento tu oído".*[105] Que Dios prepare el corazón del hombre y disponga su oído para que lo escuche; lo que es más, que cree, forme y moldee en él una trama de oración, aunque sea algo que sólo unos pocos entienden. De lo que no cabe la menor duda es que Dios se muestra dispuesto a escucharnos, siendo él mismo quien induce la petición.

THOMAS GOODWIN [1600-1679]
"The Return Of Prayers: a treatise wherein 'How to discern
God's answers to our prayers'", 1692

---

[105] Salmo 10:17.

Cuando dijiste: ¡Buscad mi rostro!, mi corazón te respondió: Tu rostro, Señor buscaré. Podemos decirlo de esta manera: Dios no nos estimula a buscarlo hasta que él desee que lo hallemos. *"Has oído el deseo del humilde; prepararás su corazón y haces que tu oído escuche".* *"Me buscaréis y me hallaréis, porque me buscaréis de todo vuestro corazón"*[106]. Siendo que cuando habla lo hace siempre en justicia y en verdad, Dios hace un alegato declarando que cuando impulsa a una persona y le dice, *"Busca mi rostro",* se obliga a sí mismo a atender sus demandas; pues no puede decirle *"Busca mi rostro"* y luego frustrar sus oraciones, ya que ello sería alentarle a buscar su rostro en vano. *"No dije a la descendencia de Jacob: En vano me buscáis. Yo soy Jehová que hablo justicia, que anuncio rectitud"*[107]. Si el rey Asuero alentó a su esposa a pedir, es porque estaba dispuesto a concederle su petición y no se planteaba negarle nada;[108] cuando Cristo mandó al ciego que acudiera a él y le dijera cuál era su dolencia, los que estaban a su alrededor no dudaron un instante en decirle: *"Ten confianza, levántate, te llama"*[109]. Y así es también en este caso.

THOMAS COBBET [1608-1686]
"Gospel Incense Or a Practical Treatise on Prayer", 1656

Cuando dijiste: ¡Buscad mi rostro!, mi corazón te respondió: Tu rostro, Señor buscaré. El corazón se sitúa entre Dios y nuestra obediencia, como si fuera un embajador. Capta lo que Dios quiere que se haga y en

---

[106] Salmo 10:17; Jeremías 27:13.
[107] Isaías 45:19.
[108] Ester 7:2.
[109] Marcos 10:49.

su totalidad lo convierte en mandato para la persona. El corazón y la conciencia del hombre son en parte divinos y en parte humanos. Tienen una parte divina, en especial cuando la persona es creyente y consagrada, por la que Dios habla al corazón, y el corazón nos habla a nosotros. Lo que sucede con frecuencia es que a pesar que escuchamos la voz divina que nos habla, no le prestamos atención, como San Agustín dijo respecto de sí mismo: «Dios me hablaba con frecuencia, y yo lo ignoraba»[110]. Y aún en aquellos casos en los que la persona carece de precepto directo a través de la Palabra en el que su corazón pueda meditar, como sucede en el caso de muchos no creyentes que por regla general siquiera tienen una Biblia en su hogar y si la tienen no la leen, Dios le habla también por medio de su conciencia, que la acusa y le hace ver el precepto que ha quebrantado, para que aprenda de ese modo aún en contra de su voluntad. Lo que ocurre es que no le presta atención ni le hace caso. Pero no fue así en el caso de David; Dios le dijo *"Buscad mi rostro"* y su corazón respondió de inmediato *"Tu rostro, Señor buscaré"*. El corazón mira primero hacia arriba, donde está Dios, y luego mira hacia sí mismo: *"Mi corazón responde";* responde primero a Dios, y luego a sí mismo. A Dios diciéndole: «Señor, he recibido aliento de tu parte, me has ordenado que busque tu rostro: Tu rostro buscaré». Mira ante todo a Dios, y después a las cosas que proceden de uno mismo.

RICHARD SIBBES [1577-1635]
"The Successful Seeker"

---

[110] La cita es de AGUSTÍN DE HIPONA [353-429] en sus *"Confesiones"*, publicadas por CLIE en español.

Cuando dijiste: ¡Buscad mi rostro!, mi corazón te respondió: Tu rostro, Señor buscaré. En esta *respuesta* y *acatamiento* de David al *mandato* o *invitación* que Dios le hace, hay diversas cosas que nos convienen y por tanto merecen nuestra consideración:

En primer lugar, fue una respuesta *oportuna* y dada *a su debido tiempo: "Tu rostro, Señor buscaré".* David reacciona de inmediato; esta es y debe ser la característica y disposición de todo cristiano sabio y prudente, aprovechar la invitación de Dios y asirse a ella sin demora.

En segundo lugar, que esa respuesta, en tanto que oportuna y a su debido tiempo, fue también íntegra y *plena.* La reacción y ejecución fueron proporcionales al mandato. Hay personas en este mundo que cuando Dios les ordena hacer algo hacen todo lo contrario; o, como mucho, menos de la mitad de lo que se les requería y debían haber hecho. Por contra, aquí vemos cómo David responde a Dios proporcionalmente y en toda la extensión que exige la obediencia. Dios dice: *"Buscad mi rostro",* y él responde *"Tu rostro, Señor buscaré".*

En tercer lugar, fue una respuesta *auténtica, sincera* y *sin reservas: "Mi corazón respondió".* Afirmar algo con la *boca* es una cosa y hacerlo con el *corazón* es otra. Con la boca es relativamente fácil, no plantea mayores problemas, y es habitual que digamos: *"Señor, tu rostro buscaré",* en especial cuando afrontamos dificultades y problemas, cuando lo necesitamos, cuando nos sentimos acorralados y no sabemos a dónde recurrir. Pero que eso mismo lo haga el corazón, y que lo haga de *motu propio,* por propio impulso, sin que exista una necesidad previa, simplemente como respuesta al requerimiento divino, eso ya no es tan habitual ni frecuente.

En cuarto lugar, es una respuesta *concluyente y perentoria*: *"Tu rostro, Señor buscaré"*. Nada podrá entorpecerme o impedir que lo haga, lo haré por encima de todo y frente a cualquier tipo de oposición.

Y finalmente, una respuesta *extensiva e ilimitada*: *"Tu rostro, Señor buscaré"*; sin limitación ni prescripción de tiempo, de lugar o de condición. No que lo buscaré por ahora, sino desde ahora; no de momento, sino en adelante; no sólo por un tiempo, sino para siempre, en todas las circunstancias, en todas las situaciones, en todos los estados, hasta el día glorioso en que alcance la plena comunión contigo.

THOMAS HORTON [¿?-1673]

Cuando dijiste: ¡Buscad mi rostro!, mi corazón te respondió: Tu rostro, Señor buscaré. Dios nos ha prometido su favor y beneplácito, y por tanto, su pueblo tiene vía libre para procurarlo. Es más, siendo que él mismo ha ordenado a su pueblo que busque su favor, su pueblo tiene el deber de hacerlo. Por tanto, en épocas en las que el favor de Dios hacia nosotros nos da la sensación de haberse interrumpido o que permanece en suspenso, es una necedad desaconsejable pensar que hemos perdido la condición de hijos y que ya no contamos como pueblo suyo; negando con ello la gracia y la relación espiritual que existe entre Dios y nosotros. No es este el camino correcto para recuperar el favor divino; pues si revertimos nuestra relación de hijos, nos auto-excluimos de poder acceder y esperar nuevamente su favor. No, el camino correcto y más seguro, más que alejarnos de Dios en alas de nuestra incredulidad, es buscar la manera de recuperar la aprobación del amor divino.

OBADIAH SEDGWICK [1600-1658]
"The Doubting Beliver", 1653

Vers. 9. *No escondas tu rostro de mí. No apartes con ira a tu siervo; mi ayuda has sido. No me dejes ni me desampares, Dios de mi salvación.* [No escondas tu rostro de mí. no rechaces con ira a tu siervo; mi ayuda has sido. No me dejes ni me desampares, Dios de mi salvación. RVR77] [No te escondas de mí; no rechaces, en tu enojo, a este siervo tuyo, porque tú has sido mi ayuda. No me desampares ni me abandones, Dios de mi salvación. NVI] [No escondas tu rostro de mí; no rechaces con ira a tu siervo; tú has sido mi ayuda. No me abandones ni me desampares, oh Dios de mi salvación. LBLA]

No escondas tu rostro de mí. No apartes con ira a tu siervo; mi ayuda has sido. No me dejes ni me desampares, Dios de mi salvación. La versión inglesa KJV traduce *"no te escondas lejos de mí."* La palabra *"lejos"*, no forma parte del texto hebreo, y a mi modo de ver es una adición superflua de los traductores, pues toda ocultación del rostro de Dios, sea cual sea, es aflicción bastante para el creyente, no importa si esconde su rostro lejos o cerca.[111] El mandato de buscar el rostro del Señor[112] resultaría en extremo doloroso si el Señor, retirándose y ocultándose a sí mismo, imposibilitara esa búsqueda. Una sonrisa del Señor es el mayor de los consuelos; su ceño, la peor de las desgracias.[113]

---

[111] Salmo 69:17; 102:2; 143:7.

[112] 2ª Crónicas 7:14; Salmo 27:8.

[113] Dice AGUSTÍN DE HIPONA [353-429] que el salmista se expresa aquí como se expresan los auténticos enamorados cuando afirman que: "Estando a tu lado aún el dolor se transforma en deleite y dulzura; y lejos de ti el intenso de los placeres sabe amargo y se convierte en aflicción". ARNOBIO EL JOVEN [Siglo V] se expresa en

No apartes con ira a tu siervo. Otros siervos de Dios habían sido desechados cuando demostraron ser infieles, como por ejemplo, su predecesor Saúl;[114] lo que hizo que David, consciente de sus muchas faltas, se sintiera ansioso y anhelante de que la paciencia divina continuara soportándole y otorgándole su favor. Y su plegaria es más que apropiada para cualquiera de nosotros en el mismo sentido de indignidad y carencia de méritos propios.

Porque tú has sido mi ayuda. ¡Cómo no vamos a sumarnos a esta declaración haciéndola también nuestra! Por muchos años y en circunstancias diversas, en todo tipo de pruebas, el Señor ha sido nuestro sostén y ayuda, y tenemos la obligación de confesarlo y reconocerlo. Alguien dijo que: «La ingratitud es condición natural del hombre caído; pero en el hombre espiritual, en el creyente, es antinatural y detestable».

No me desampares ni me abandones. Una oración cara al futuro y una inferencia del pasado. Si el Señor hubiera tenido intención de abandonarnos ¿habría iniciado su obra en nosotros?[115] Abandonar el alma en el presente toda ayu-

---

los mismos términos: «Quién enamorado de Dios no siente otro deseo ni busca otra pureza que la belleza incomparable de Cristo, no halla mejor lenguaje para expresar sus sentimientos que el propio de los amantes. Es por ello el salmista exclama: *"Cuando dijiste: ¡Buscad mi rostro!, mi corazón te respondió: Tu rostro, Señor buscaré. No escondas tu rostro de mí. No rechaces con ira a tu siervo".* Soy consciente, Señor, que he albergado en mi interior anhelos y he cometido acciones que han motivado tu ira; y en justo desagrado optaste por apartarte y esconderte de mí. Pero no me rechaces definitivamente ni apartes de mí tu rostro; antes bien sé misericordioso y concédeme de nuevo la dicha de tu mirada, oh Dios de mi salvación».

[114] 1ª Samuel 15:26.
[115] Filipenses 1:6.

da prestada en el pasado implicaría un esfuerzo inútil. La primera petición: *"No me desampares"*, puede que haga referencia a desamparos temporales; y la segunda: *"ni me abandones"*, a un retraimiento o alejamiento de la gracia; y precisamos orar fervientemente contra ambas cosas, aunque respecto a la segunda contamos a modo de alegato con la coletilla, una promesa inmutable: *"Dios de mi salvación"*. Unas palabras dulces en extremo y que merecen no poca meditación.

C. H. Spurgeon

No escondas tu rostro de mí. Cuando busco tu rostro, oh Señor, sé condescendiente, no lo escondas de mí; pues ¿con qué propósito he de buscarlo si no puedo hallarlo? ¿Y qué posibilidad tengo de hallarlo si tú lo escondes?.

Sir Richard Baker [1568-1645]
"Meditations and Disquisitions upon certain Psalms", 1639

No rechaces con ira a tu siervo. Dios aparta a muchos de su presencia con ira a causa de su hipocresía, de su bondad aparente y fingida; pero nunca aparta a nadie por razón de su maldad confesada.

John Trapp [1601-1669]
"A commentary or exposition upon the books of Ezra, Nehemiah, Esther, Job and Psalms", 1657

Tu siervo. Ser un verdadero *"siervo"* de Dios es algo bendito y feliz. Considera lo que dijo la reina de Sebá a Salomón con respecto a sus siervos: *"Felices son tus siervos"*[116], y no olvides que Cristo Jesús es mucho más

---

[116] 1ª Reyes 10:8.

grande que Salomón[117] y mucho mejor patrón, más digno Señor. Los patrones terrenales honran debidamente a los siervos fieles y eficientes: *"El que mira por los intereses de su señor, tendrá honra"*[118]; y también: *"El siervo prudente se enseñoreará del hijo que deshonra, y con los hermanos compartirá la herencia"*[119]. Pese a que algunos señores terrenales pueden ser como Nabal o Labán, Dios nunca procede de esa forma: *"Si alguno me sirve, sígame; y donde yo estuviere, allí también estará mi servidor; si alguno me sirviere, mi Padre le honrará"*[120]; *"Bienaventurados aquellos siervos a los cuales su señor, cuando venga, halle velando; de cierto os digo que se ceñirá, y hará que se sienten a la mesa, y vendrá a servirle"*[121]. Los siervos vigilantes son objeto de bendición; su señor hará que se sienten a su mesa y vendrá a servirles, como leemos: *"Bien, buen siervo y fiel; sobre poco has sido fiel, sobre mucho te pondré*; entra en el gozo de tu Señor"*[122].

THOMAS PIERSON [1570-1633]
"The cure of hurtfull cares and fears", 1636

Porque tú has sido mi ayuda. No me desampares ni me abandones, Dios de mi salvación. Un acto de misericordia enlaza siempre con el siguiente. Los hombres cuestionan esto, y cuando alguien les pide una segunda vez argumentan diciendo: "Ya te he demostrado mi misericordia una vez, por tanto, en adelante no vuelvas a importunarme". Pero Dios no piensa de ese modo, al

[117] Mateo 12:42.
[118] Proverbios 27:18.
[119] Proverbios 17:2.
[120] Juan 12:26.
[121] Lucas 12:37.
[122] Mateo 25:21-23.

contrario, haber ejercido su misericordia con nosotros en el pasado le predispone todavía más para hacerlo en el presente y en el futuro. La misericordia de la que nos hizo objeto en la elección, le lleva a la justificación, a la adopción y a la glorificación.

THOMAS WATSON [1620-1686]
"The Beatitudes", 1660

No me desampares ni me abandones. El sentido peculiar del verbo hebreo que utiliza aquí el salmista[123] y que nuestras versiones traducen por *"abandones"*, es el de: *"no me dejes de lado"*, *"no me deseches"*, *"no me sueltes"*, *"no dejes de sostenerme"*, *"no abras la mano con la que me agarras dejando que caiga"*.

SAMUEL HORSLEY [1733-1806]
"The book of Psalms : translated from the Hebrew, with notes, explanatory and critical", 1816.

Vers. 10. *Aunque mi padre y mi madre me dejaran, con todo, Jehová me recogerá. [Aunque mi padre y mi madre me abandonasen, con todo, Jehová me recogerá. RVR77] [Aunque mi padre y mi madre me abandonen, el Señor me recibirá en sus brazos. NVI] [Porque aunque mi padre y mi madre me hayan abandonado, el Señor me recoge. LBLA]*

Aunque mi padre y mi madre me dejaran, con todo, Jehová me recogerá. "Cuando mi padre y mi madre me

---

[123] En hebreo תַעַזְבֵנִי *ta'azḇênî* de עָזַב *'âzab*.

hayan dejado" traducen la YLT y la KJV. Nuestros progenitores son las personas que más nos quieren y resulta innecesario decir que serían las últimas en abandonarnos. Pero en el supuesto que la leche de la bondad humana llegara a secarse incluso de los pechos de una madre, siempre queda un Padre que no olvida ni abandona jamás.[124] Algunos de los santos más insignes a lo largo de la historia, se han visto desechados por sus propias familias y han sido perseguidos por amor de la justicia; pero el Señor los ha adoptado, ha hecho suya su causa, los ha ayudado a superar sus aflicciones, los ha elevado por encima de sus enemigos, y finalmente los ha recibido en sus moradas eternas, porque *"Jehová me recogerá"*. Y así hará también con cada uno de nosotros.

C. H. SPURGEON

Aunque mi padre y mi madre me abandonen. [*Cuando mi padre y mi madre me hayan dejado.* YLT/KJV] Resulta muy dura y difícil de aceptar la suposición de que los padres del salmista lo hubieran *"abandonado"* literalmente, en vida, y en el sentido más amplio de la palabra. Por ello algunos comentaristas (como es el caso de Muis[125]), conjeturan que lo que trata de expresar el salmista (partiendo de la traducción literal que sería: *"cuando mi padre y mi*

---

[124] Isaías 49:15.
[125] Se refiere a SIMEONIS DE MUIS o SIMEÓN DE MUIS [1587-1644], nacido en Orléans. Reconocido erudito de la lengua hebrea y profesor en la Real Academia de París, autor numerosas obras sobre los Salmos, aunque la más conocida es su comentario: *Commentarius Literalis et Historicus in Omnes Psalmos Davidis, et Selecta Veteris Testamenti Cantica,* publicado en 1630 y considerado como una de las mejores obras filológicas escritas sobre el Libro de los Salmos.

madre me hayan dejado") es la idea de que ya no estuvieran a su lado, es decir cuando hubieran muerto.[126]

JAMES MERRICK [1720-1769]
"Annotations on the Psalms", 1768

Aunque mi padre y mi madre me abandonen. A pesar de que la mayoría de especies animales demuestran un solícito cuidado y extraordinaria ternura con sus crías, es parte del instinto en el reino animal que cuando estas crezcan y alcancen un nivel determinado de madurez y fortaleza, las obliguen a valerse por sí mismas y a procurarse su propio sustento. Mientras las crías son pequeñas y las consideran débiles e indefensas, las alimentan, las protegen y llevan de la mano; pero en cuanto pueden volar con sus propias alas o caminar con sus propias patas, las obligan a hacerlo; y si ven que flaquean y caen, esperan a que se levanten por sus propias fuerzas. Dios, sin embargo, cuida de sus hijos incluso después de haber crecido, porque sabe de qué materia están hechos; y es conocedor de que necesitan tanto su soporte en horas de fortaleza como su ayuda en momentos de debilidad; sabe

---

[126] SCHÖKEL ve aquí más bien un sentido hiperbólico para enfatizar o recalcar el concepto: «El abandono paterno puede suceder ya en el nacimiento, niños expósitos (Ezequiel 16), o durante el crecimiento y formación. En un régimen de economía familiar se puede concebir un abandono o rechazo en época de madurez. Pero el orante no está registrando un hecho, sino apuntando una hipótesis extrema, casi inimaginable: que unos padres abandonen a su hijo. De modo semejante apela el Señor al caso casi absurdo de una madre que se olvida de su hijo (Isaías 49:15), también en una concesiva o condicional irreal. El paralelo es significativo: al emplear el autor como término de comparación uno de los sentimientos humanos más profundos e intensos, paternidad y maternidad, atrae a Dios a esa esfera simbólica, en un grado superior».

que es preciso levantarlos cuando caen, proporcionándoles el soporte que necesitan para que puedan permanecer
de pie.

Sir Richard Baker [1568-1645]
"Meditations and Disquisitions upon certain Psalms", 1639

Padre y madre.

1. En primer lugar, ¿qué entendemos por *"padre y madre"*? Básicamente, y de manera propia, a nuestros progenitores, nuestros padres naturales por quienes fuimos en-
gendrados, de quienes recibimos la vida y a quienes (bajo
la tutela divina) debemos nuestro ser y crianza; pero también cabe incluir en este aspecto, por *sinécdoque*,[127] a los
demás parientes, vecinos, amigos, conocidos; e incluso, y
de forma más generalizada, a todos los bienes, comodida-
des y facilidades de este mundo, de cualquier tipo.[128]

---

[127] La Sinécdoque es un tropo o figura retórica de lenguaje. Es la
relación de la "parte" por el "todo", el singular por el plural, la
especie por el género, el material de un objeto por el objeto, etc.
Funciona también a la inversa (el todo por una parte); cuando es
referida a individuos, tenemos una *antonomasia*, una parte que se
puede sustituir por el todo. Una de sus formas más comunes es
referirse a alguien aludiendo a una sola característica de su forma
de ser o de su físico: "viene *el valiente*", "*el salmista* dice", "*la
bonita* habla".

[128] Algunos de los antiguos comentaristas, como es el caso del
monje inglés Beda el Venerable [672-735], ven en este texto una
referencia a nuestros primeros padres "Adán y Eva". Ese mismo
sentido le aplica también el obispo, teólogo y biblista español
Jaime Pérez de Valencia [1408-1490], autor de un polémico *Comentario a los Salmos* que levantó ampollas entre los judíos de la
época, ya que en el mismo afirma que la Ley de Moisés no sólo ha
sido anulada sino que es incluso dañina; posteriormente escribió
en defensa de su postura su *Tratado contra los Judíos*. Schökel

2. ¿Y por qué lo consideramos así? Porque confiamos en ellos, y estamos convencidos de recibir de su parte mayor ayuda que de cualquier otra fuente. Mantenemos con ellos una relación más estrecha e intensa, y el interés mutuo es mayor con ellos que con las demás personas; por ello entendemos que es mucho menos probable que nos olviden o abandonen.

3. ¿Y por qué el salmista los menciona por separado *"padre"* y *"madre"* cuando bastaría con decir "padres"? En parte, porque resulta difícil de imaginar que se de la circunstancia de que ambos abandonen a un hijo, a pesar de que puede darse el caso de que uno de ellos lo haga. También, en parte, por el sentido más amplio y completo que la mención de ambos por separado imprime a la fra-

---

en su comentario al Salmo 27 cita en este sentido el siguiente párrafo de Pérez de Valencia: «Mis primeros padres, Adán y Eva, y también los que me engendraron me dejaron desnudo y despojado de bienes gratuitos y malherido de golpes y llagas: porque he sido concebido en culpa y mi madre me concibió en pecado (...) mi padre, el pueblo pagano, mi madre la sinagoga, me abandonaron: porque, abandonados los ídolos y las ceremonias de la antigua ley, de los dos pueblos nos reunió en una Iglesia». Por su parte AGUSTÍN DE HIPONA [353-429] lo entiende del siguiente modo: «Aparte de nuestro padre y madre carnales, que nos engendraron y trajeron a este mundo, varón y hembra, como Adán y Eva, tenemos también otro padre y otra madre, o mejor dicho, los tuvimos durante un tiempo: el diablo, que fue nuestro padre cuando andábamos en incredulidad, como dijo el Señor: *"Vosotros sois de vuestro padre el diablo"* (Juan 8:44). Pues ciertamente él es padre de todos los impíos.29, ¿Y quién fue nuestra madre? Una ciudad de nombre Babilonia, albergue y morada de todos los perdidos desde oriente hasta occidente. Ella fue nuestra primera madre terrenal, pues en ella nacimos. Mas ahora hemos abandonado al diablo porque hemos conocido a otro padre: a Dios; y hemos abandonado Babilonia porque hemos conocido a otra madre: la Jerusalén celestial».

se, en tanto que el amor de cada uno lo relacionamos con patrones distintos: el amor *paterno* más ligado a la idea de *provisión,* y el *materno* a la de *ternura;* juntando a ambos se transmite mejor la idea del amor de Dios tiene para con nosotros, en tanto que el amor de Dios es a la vez tierno y providente, y va mucho más allá que el deseo y capacidad de provisión del mejor padre, y es más afectuoso que el cariño de la madre más tierna.

4. Entonces, siendo esto así, ¿cuándo y por qué razón hemos de entender que pueden *abandonarnos?* Cuando en un momento determinado decidan interrumpir esa ayuda en mitad de una circunstancia en la estamos necesitados de ella; bien sea por *elección,* cuando opten por no ayudarnos a pesar de que podrían hacerlo si quisieran; o por *necesidad,* en aquellos casos en los que no pueden ayudarnos, a pesar de que lo harían si pudieran.

ROBERT SANDERSON [1587-1662]

Con todo, Jehová me recogerá. [*Me recibirá en sus brazos.* NVI]. *Dictum factum*[129] reza el proverbio latino. ¿Es así en ese caso? ¿Hay hechos que prueben que ese *"Jehová me recogerá"* es algo real que va más allá de las meras palabras? Sí, los hay, hechos que prueban y demuestran al pie de la letra y de manera indubitable que eso es así. Cuando la madre de Ismael, desesperada por sobrevivir, lo había *abandonado* en el desierto y se sentó a tiro de un arco para no verle morir, el Señor *le tomó en sus brazos,* abriendo un nuevo manantial de agua en el

---

[129] Se refiere a una conocida máxima del poeta romano PUBLIO TERENCIO AFRO más conocido como TERENCIO en *Andria: "Dictum factum",* "Dicho y hecho", a lo que se contrapone el viejo refrán español: "Del dicho al hecho, va un trecho".

desierto y abriendo a su vez los ojos de Agar para que lo viera y diera de beber al muchacho.[130] Cuando los padres de Moisés, incapaces de ocultarlo ya por más tiempo, decidieron *abandonarle* en una arquilla de mimbre a merced de las aguas del Nilo, Dios *le recogió en sus brazos,* proveyendo para él un salvador, la propia hija del Faraón la cual tomó a la propia madre como nodriza.[131] Dos ejemplos más, uno den Antiguo Testamento y otro del Nuevo Testamento: David y Pablo, ambos *abandonados* por los hombres pero *acogidos* por Dios. David nos cuenta hasta qué punto llegó el abandono que experimentó cuando dice: *"Mira a mi diestra y observa, pues no hay quien me quiera conocer; no tengo refugio ni hay quien cuide de mi vida"*[132]; pero se equivocaba, pues ¡sí había alguien que estaba a su diestra! *Dominus ad dextris tuis,* el Señor se hallaba a su derecha (a pesar de que en principio no se hubiera dado cuenta de ello) listo para *acogerle en sus brazos,* como reconoce a continuación: *"Clamé a ti, oh Jehová; dije: Tú eres mi esperanza, y mi porción en la tierra de los vivientes"*[133]. También San Pablo fue abandonado; ved, si no, lo que escribe: *"En mi primera defensa ninguno estuvo a mi lado, sino que todos me desampararon"*[134]; una situación difícil, y podía haber sido peor de no haber habido Uno dispuesto a intervenir, como leemos en el versículo siguiente: *"Pero el Señor estuvo a mi lado, y me dio fuerzas"* ¿Necesitamos acaso más testimonios?

---

[130] Génesis 21:15-20.
[131] Éxodo 2:6-9.
[132] Salmo 142:4.
[133] Salmo 142:5.
[134] 2ª Timoteo 4:16.

In ore duorum, "por boca de dos testigos"[135] queda sobradamente establecida la prueba de los hechos.

Puede, no obstante, que alguno diga: Bien, pero testigos testifican *post factum,* "sobre hechos pasados", pero aquí el salmista lo plantea como un futuro, algo que no ha sucedido y supone que va a suceder: *"me recogerá"*, se trata, pues de una mera hipótesis que no se puede demostrar. No, para él no es una mera hipótesis, es un hecho demostrado, como se desprende de la afirmación categórica que hace en otro salmo: *"Seguro estoy de que Jehová tomará a su cargo la causa del afligido y el derecho de los necesitados"*[136]. ¿Pero, hay base para ello? Sin duda que la hay; una base *doble;* una que surge de la *naturaleza divina,* y otra de las propias *promesas* de Dios. En la naturaleza divina hay cuatro cualidades, (eso por decirlo de algún modo y únicamente para ajustarlo nuestro nivel de comprensión, pues en realidad, la Divinidad, en tanto que Divinidad, no posee propiamente cualidad alguna), pero llamémoslas *cualidades* o *atributos* o lo que queramos; lo cierto es que hay en Dios *cuatro perfecciones* que están en oposición frontal a las causas por las que nuestros padres terrenales pueden llegar al punto de *abandonarnos* y que antes hemos relacionado; y ello nos brinda plena seguridad de que él *nos recogerá* cuando todos los demás nos fallen. Y estas cualidades inherentes en su naturaleza divina son su *amor,* su *sabiduría,* su *poder*, y su *eternidad;* a las que debemos añadir una quinta: su *promesa.* Juntas nos proporcionan toda la seguridad que podamos desear, prueba indubitable e incuestionable de que *"aunque mi padre y mi madre me dejaran, con todo, Jehová me recogerá"*.

ROBERT SANDERSON [1587-1662]

---

[135] 2ª Corintios 13:1.
[136] Salmo 140:12.

Jehová me recogerá. Aquí el sentido del verbo hebreo es *"juntará los pedazos"*[137]. Es decir, recogerá los trozos esparcidos de lo que haya quedado de mí, los recompondrá y los colocará en su regazo bajo su protección. En todas las leyes y códigos civiles encontramos normas y provisiones dictadas en relación a los marginados y personas sin amparo, tanto en materia de sanidad como de alimentación, techo, etc. ¿Y no va a tenerlas Dios? No puede cabernos la menor duda de que en Dios, los huérfanos y desamparados, siempre alcanzarán misericordia.

JOHN TRAPP [1601-1669]
"A commentary or exposition upon the books of Ezra, Nehemiah, Esther, Job and Psalms", 1657

Vers. 11. *Enséñame, oh Jehová, tu camino, y guíame por senda de rectitud a causa de mis enemigos.* [*Enséñame, oh Jehová, tu camino, y guíame por senda de rectitud a causa de mis enemigos. RVR77] [Guíame, Señor, por tu camino; dirígeme por la senda de rectitud, por causa de los que me acechan. NVI] [Señor, enséñame tu camino, y guíame por senda llana por causa de mis enemigos. LBLA] [Muéstrame, oh Señor, tu camino; y condúceme por un camino de integridad, por causa de los que me están espiando. YLT]*

Enséñame, oh Jehová, tu camino, y guíame por senda de rectitud a causa de mis enemigos. Fijémonos en que no ora pidiendo indulgencia y consentimiento para

---

[137] En hebreo יַאַסְפֵנִי *ya'aspênî* de אָסַף *'âsaph*, "juntar los pedazos de algo roto o destrozado".

seguir su propio camino, sino información acerca del camino por el cual Jehová desea que anden los justos. Esta oración evidencia un profundo sentido de humildad en la admisión y reconocimiento de la propia ignorancia, un enorme deseo de aprender, y un corazón que se goza en la obediencia.

Guíame por senda de rectitud. Vemos que el salmista no sólo busca información, sino también ayuda. No basta con que se nos proporcione un mapa del camino, necesitamos también un guía que nos asista en el viaje. David pide una *"senda"* de rectitud, esto es, una senda franca, abierta, honesta, sencilla; en total contraposición al camino de la astucia, que es intrincado, tortuoso, peligroso. Los verdaderos cristianos raramente tienen éxito practicando la especulación y siguiendo derroteros dudosos y cuestionables; para los herederos del cielo la sinceridad, trasparencia y claridad de espíritu siempre son lo mejor. Dejemos las manipulaciones políticas, las trampas y los trucos rastreros para los habitantes de este mundo; pues la Nueva Jerusalén demanda como ciudadanos a hombres y mujeres rectos, sinceros y honestos. Esaú era diestro y astuto en los trucos de la caza; Jacob era un varón pacífico y tranquilo que habitaba en tiendas.[138]

A causa de mis enemigos. Nuestros enemigos tratarán de darnos caza y embaucarnos si pueden, pero el camino de la honestidad sincera y manifiesta, queda fuera de su alcance. Resulta maravilloso y sorprendente contemplar cómo la sinceridad, que aparenta candidez, desconcierta la astucia y supera la maldad. La verdad es sabiduría. La honestidad y la trasparencia son siempre la mejor política a seguir.

C. H. SPURGEON

---

[138] Génesis 25:27.

Enséñame, oh Jehová, tu camino.[139] Después de compararse a sí mismo con un niño indefenso y abandonado adoptado por Dios, el salmista le pide a continuación, y en buena lid, que le enseñe cómo caminar correctamente. Solicita la gracia de poder guardar con exactitud todos sus santos mandamientos que, dicho sea de paso, jamás pierde de vista a lo largo de los ciento cincuenta salmos del salterio. ¿Qué otra cosa podríamos esperar que hiciera, sabiendo que ese camino que pide que Dios le enseñe es el único camino a la casa del Señor, donde justo acababa de decir que deseaba estar como único deseo de su corazón?

ROBERTO BELLARMINO [1542-1621]
"A Commentary on the Book of Psalms", 1615

Guíame por senda de rectitud, a causa de mis enemigos. Si a un viajero que transita por un camino real le roban a plena luz del día, tiene derecho a recibir una compensación correspondiente del condado en cuyo territorio se haya cometido el robo, pues es obligación de las autoridades de ese condado proteger el camino. Pero si emprende el viaje durante la noche, queda desprotegido, pues esa la ley no se aplica durante las vigilias nocturnas, por tanto el viajero transita por el camino bajo su propia responsabilidad y riesgo, debiendo asumir las posibles consecuencias. De igual modo, quien se mantiene en los caminos de

---

[139] TEODORETO DE CIRO [393-458] en su *Comentario a los Salmos,* cita aquí las interpretaciones de judíos helenistas Aquila y Teodoción, que traducen *"Ilumina mi camino",* así como la de Símaco el Ebionita, *"Otórgame un destello de tu camino",* y lo entiende en el sentido de: «Transfórmate tú mismo en camino (Juan 14:6), sé para mí no sólo dador de la ley, sino también el intérprete y guía de esa misma ley, de tal modo que mis pasos jamás puedan desviarse ni apartarse de ti en modo alguno».

Dios puede estar seguro de contar con la protección divina; pero si se descarría y va por otras veredas, él mismo se expone al peligro y debe asumir las consecuencias.

ROBERT SKINNER [1591-1670]

A causa de mis enemigos. Cuando un hombre es reconocido públicamente como profesor y maestro, se convierte en blanco de las miradas de todos. Y es algo lógico, tienen derecho a ello, ya que debe ser ejemplo para los demás. Su profesión, que ejerce *en* el mundo, lo obliga a una separación *del* mundo. Por desgracia, sucede con frecuencia que los cristianos, debido a sus conductas poco ejemplares, son condenados por aquellos a quienes ellos condenan con sus labios. El justo y recto David vivía rodeado de adversarios que aguardaban agazapados a la espera de que cometiera un mínimo error para saltar sobre él y saborear su triunfo; pero cuanto más lo observaban y vigilaban, más abundaba él en la oración: *"Enséñame, oh Jehová, tu camino, y guíame por senda de rectitud a causa de mis enemigos"*. La última cláusula puede traducirse también como: *"a causa de aquellos que me observan"*. Cristiano, si vives en la tienda descubierta del libertinaje, ten en cuenta que los inicuos no van a caminar de espaldas, hacia atrás, para cubrirte sin ver tu desnudez, como por vergüenza hicieron Sem y Jafet con su padre, sino todo lo contrario, te observarán con detalle y harán públicas tus vergüenzas como hizo Cam.[140] Utilizarán tu debilidad como excusa para justificar su maldad. Los hombres son implacables en sus juicios y censuras de los cristianos; y no sienten la menor simpatía ni comprensión respecto a sus debili-

---

[140] Génesis 9:18-29.

dades. Si bien el santo es visto como una paloma a los ojos de Dios, no es visto como más que un cuervo en la estima de los pecadores.

WILLIAM SECKER [¿?-1681]
"The Nonsuch Professor", 1660

Vers. 12. No me entregues a la voluntad de mis enemigos; porque se han levantado contra mí testigos falsos, y los que respiran crueldad. *[No me entregues a la voluntad de mis enemigos; porque se han levantado contra mí testigos falsos, y los que respiran crueldad. RVR77] [No me entregues al capricho de mis adversarios, pues contra mí se levantan falsos testigos que respiran violencia. NVI] [No me entregues a la voluntad de mis adversarios; porque testigos falsos se han levantado contra mí, y los que respiran violencia. LBLA]*

No me entregues a la voluntad de mis enemigos;[141] *porque se han levantado contra mí testigos falsos, y*

---

[141] KRAUS traduce *"no me entregues a la avidez de mis enemigos"*, y SCHÖKEL *"a la saña de mis enemigos"*. La Vulgata traduce *"ne tradideris me in animas tribulantium me quoniam insurrexerunt"*, "no me entregues a las almas de los que me angustian" y AGUSTÍN DE HIPONA [353-429] ve en ello un cierto sentido de lo que en nuestra sociedad actual identificamos como "Síndrome de Estocolmo", es decir, a la víctima contemporizando con el verdugo, una suerte de *"no entregues mi voluntad a mis enemigos"*. Dice así: «Señor, no permitas que llegue a contemporizar con aquellos que me atormentan. Porque si acabamos contemporizando con los que nos atormentan y pactamos con ellos, no sólo comerán nuestra carne, sino que acabarán también devorando nuestras al-

los que respiran crueldad. ¡No me entregues! Puesto que de caer en sus manos sería cual víctima echada a los leones, primero me harían pedazos para devorarme después más cómodamente. Alabado sea Dios porque nuestros enemigos no pueden salirse con la suya y echarnos mano, pues de lo contrario pronto estaría Smithfield[142] de nuevo iluminado por las llamas de las hogueras.

Porque se han levantado contra mí testigos falsos. La calumnia es una de las armas más antiguas del arsenal del infierno, de la que sigue haciendo un uso constante y eficaz. No importa lo íntegra y santa que pueda ser una persona, siempre habrá quienes estén dispuestos a difamarle. «Si quieres mal a un perro, di que es rabioso, y cuélgale».[143]

---

mas, apoderándose de nuestra voluntad y torciéndola por completo. Entrega a mis enemigos, Señor, si esta es tu voluntad, mi cuerpo, mi carne; pero preserva mi alma. Ésa fue la petición de los mártires, y Dios permitió que sus atormentadores se ensañaran con su carne, pero preservó sus firmes sus almas (...) Pues si contemporizo con los que me atormentan, si me avengo a sus deseos, su iniquidad me contaminará y vendrá a ser parte de mí. Pero si al contrario, si por mucho que me atormenten y se ensañen conmigo, me resisto a sus deseos y niego a sus caprichos, si me mantengo firme y permanezco en tu verdad, su iniquidad se multiplicará en ellos, pero no me contaminará, no a mí».

[142] Se refiere a SMITHFIELD o SMOOTHFIELD, un paraje de Londres donde desde los tiempos de Enrique II se celebraban ferias y torneos; y donde en tiempos de María Estuardo se levantaron las hogueras donde fueron quemados vivos doscientos setenta y siete mártires protestantes, según cuenta John Foxe en su famoso *Libro de los Mártires*.

[143] Spurgeon utiliza aquí el refrán inglés: *"Give a dog an ill name, and hang him"*, que equivaldría a los refranes castellanos *"Si quieres librarte de un perro, di que está rabioso"* o *"A perro rabioso todo el mundo le huye"*.

¡Gloria al Señor de que los hijos de Dios no son perros y las calumnias no les causan daño alguno!

Y los que respiran crueldad. En ellos odiar a las personas buenas es algo tan natural que forma parte de su mismo aliento. No consiguen abrir la boca sin maldecirlas. Tal era la conducta del apóstol Pablo antes de su conversión.[144] Aquellos que respiran crueldad, que exhalan odio por la boca mezclado con su aliento, que no pierden oportunidad para demostrar su saña; a lo más que pueden aspirar es a que Dios les mande de una vez por todas al *hábitat* natural donde ese aire que tanto les encanta respirar se engendra y origina: el infierno. Así que, perseguidores, ¡quedáis advertidos!

C. H. SPURGEON

Vers. 13. *Hubiera yo desmayado, si no creyese que veré la bondad de Jehová en la tierra de los vivientes. [Hubiera yo desmayado, si no creyese que he de ver la bondad de Jehová en la tierra de los vivientes. RVR77] [Pero de una cosa estoy seguro: he de ver la bondad del Señor en esta tierra de los vivientes. NVI] [Hubiera yo desmayado, si no hubiera creído que había de ver la bondad del Señor en la tierra de los vivientes. LBLA]*

Hubiera yo desmayado, si no creyese que veré la bondad de Jehová en la tierra de los vivientes. El corazón acobardado y feble es enfermedad muy común: incluso aquel que fue capaz de enfrentarse a Goliat se veía con

---

[144] Hechos 8:3; 9:1,13,21; 22:4-5,19-20; 26:10-11; 1ª Corintios 15:9; Gálatas 1:13; Filipenses 3:6; 1ª Timoteo 1:13.

frecuencia afectado por sus síntomas. Para prevenirlos, la fe aproxima el frasco de su medicina a los labios del alma. El bálsamo celestial para aliviar todas las penas presentes es la esperanza. En este valle de lágrimas que nos toca vivir, tierra de muertos, nuestra bendición está en que simplemente transitamos por ella buscando y anhelando nuestra porción en la tierra de los vivos, donde la bondad divina ha extirpado por completo todo resquicio de maldad humana y espíritus puros cuidan y sirven en un orden perfecto a los santos que aquí en la tierra fueron perseguidos, denigrados, vilipendiados y desechados de entre los hombres. La norma del cristiano es primero creer para después ver, no primero ver para después creer; debemos aguardar al tiempo señalado, y entre tanto, mantener nuestras almas expectantes haciendo que saboreen anticipadamente las bondades eternas de nuestro Dios y Señor, que muy pronto serán nuestra fiesta y canto eterno.

C. H. SPURGEON

Hubiera yo desmayado. Para entender estas palabras del salmista, es necesario que meditemos en la suficiencia, el poder, la bondad y la inmutabilidad de Dios.

1. *La suficiencia de Dios.* En Dios hay plenitud bastante como para reemplazar con creces todo aquello que puedas llegar perder a causa de él; y hay dulzura suficiente para endulzar todo lo que puedas alcanzar a sufrir por él. ¡Qué plenitud tan infinita! Más lógico y comprensible sería que dudaras sobre si todas las aguas de los océanos son suficientes para llenar una cucharita, que de si la plenitud divina puede o no ser suficiente para restituirte lo que has perdido por él, aunque no llegaras a perder todo lo que tienes en este mundo. Pues la totalidad de las aguas que llenan los océanos, comparada con la inmensurable e infinita plenitud de la

suficiencia divina, no llega al tamaño de una cucharita. ¡Qué consuelo tan grande nos proporciona saber esto! Una sola gota de la dulzura divina es suficiente para hacer que quien está sufriendo la más horrenda agonía de la más cruel de las muertes, prorrumpa en cantos de júbilo. *"Ya pasó la amargura de la muerte"*[145]. Pues en él hay no unas pocas gotas, sino ríos; no una exigua aspersión, sino plenitud infinita.

2. El *poder de Dios.* Contémplalo y verás cómo puede hacer soportable tu cruz, y lo mucho que puede sacar de ti por medio de esa cruz. No hay cruz en el mundo tan punzante y penosa como para que él no pueda transformarla en dulce y agradable; no hay cruz tan pesada e intolerable, como para que no la pueda convertir en ligera y fácil; no hay cruz tan ignominiosa y reprobatoria, como para que él no pueda hacer de ella un triunfo y un honor; no hay cruz tan ligada a ti, como para que él no pueda desligarla.

3. *Su bondad.* Su suficiencia y poder lo capacitan, su *bondad* lo impulsa a actuar hasta los límites de su omnipotencia, que alcanza el infinito en favor de su pueblo que gime bajo el peso de la cruz. Su *bondad* pone su poder omnipotente en acción en favor de los santos; abre las compuertas de la suficiencia y plenitud divinas para que se derramen libremente sobre ellos; y nunca tan libremente como cuando sufren bajo la cruz.

"Hubiera yo desmayado, si no creyese que veré la bondad de Jehová en la tierra de los vivientes" ¿Te has preguntado qué es lo que te lleva a *desmayar* cuando te hallas bajo el peso de tu cruz, o piensas en ella, o la anticipas? ¡Mira a la *bondad* de Dios! En ella encontrarás el auxilio y soporte que necesitas.

DAVID CLARKSON [1621-1686]

---

[145] 1ª Samuel 15:32.

Hubiera yo desmayado.[146] La frase *"hubiera yo desmayado"* no figura en el texto hebreo y nuestros traductores [en la versión King James figura en cursiva] la incluyeron con el noble propósito de hacer el texto más comprensible. Pero en mi opinión, más que aclarar el texto, daña su sentido. Eliminemos pues las palabras *"hubiera yo desmayado"* [como hacen la NVI y otras versiones actuales] y coloquemos una *pausa* después del versículo. De ese modo preservaremos la hermosa y elegante figura del salmista: « *"Si no creyese que veré la bondad del Señor en la tierra de los vivientes"* – entonces, ¡¿qué?, ¿eh?, ¿qué?, ¿qué hubiera sido de mí?!

ADAM CLARKE [1760-1832]
"Commentary on the Whole Bible", 1831

Si no creyese que veré la bondad de Jehová en la tierra de los vivientes. En el texto hebreo este versículo contiene una elipsis,[147] y Calvino, en su versión francesa, lo traduce añadiendo al final del versículo las palabras *"C'estoit fait de moy",* "Hubiera yo perecido". En la versión inglesa King James, (y en la española Reina-Valera) las palabras *"I had fainted",* "Hubiera yo desmayado", se incluyen al principio del versículo en cursiva. Tanto el suplemento de Calvino como el de la versión inglesa [y las versiones españolas] están puestos para suplir la elipsis y por tanto son básicamente lo mismo: aclaran el significado del pasaje; pero destruyen la elegancia del corte abrupto que emplea

---

[146] En hebreo: לוּלֵא הֶאֱמַנְתִּי לִרְאוֹת בְּטוּב־יְהוָה בְּאֶרֶץ חַיִּים *lûlê he'ĕ·mantî lir'ōwṯ bəṭūḇ-Yahweh bə'ereṣ ḥayyîm.*

[147] La ELIPSIS es una figura retórica de lenguaje o dicción que consiste en omitir alguna palabra o incluso parte de la oración porque se supone que el oyente o lector va a entenderla perfectamente sin ella.

el salmista para expresar sus sentimientos: aunque el significado de lo que quiere decir se hace más que evidente,
deja la frase incompleta, introduciendo un hueco en mitad
de su discurso para infundir mayor dramatismo.

JAMES ANDERSON [1804-1863]
en una nota editorial en su traducción al inglés del
"Comentario a los Salmos" de JUAN CALVINO [1509-1564]

*Hubiera yo desmayado, si no creyese que veré la bon-
dad de Jehová en la tierra de los vivientes.* Cuando os
halléis bajo la amargura de la aflicción y la angustia, es-
forzaos en ejercitar una fe viva y fuerte. Aquel santo varón
que fue Job, en medio de sus tribulaciones adoptó una noble y heroica resolución: *"Aunque él me matare, en él es-
peraré"*[148]; que equivale a decir: «Por violentos y amargos
que sean los golpes con que me zarandee, no conseguirán
que suelte mis manos, que tengo agarradas a sus promesas, y deje de confiar en sus palabras; jamás conseguirán
socavar los fundamentos de mi esperanza». El método de
Job es exactamente el mismo que utiliza el salmista para
evitar hundirse bajo sus pesadas cargas: *"Hubiera yo desmayado, si no creyese que veré la bondad de Jehová en la
tierra de los vivientes".* La fe aporta renovadas fuerzas y
recursos suplementarios de gracia celestial cuando todos
los demás se han agotado; algo que David, por lo que aquí
vemos, experimentó abundantemente.[149] De la misma ma-

---

[148] Job 3:15.

[149] MATTHEW HENRY [1662-1714] dice al respecto lo siguiente: «El
texto hebreo del versículo 13 comienza así literalmente: *"A menos
que* (esta partícula está muy puntuada en el texto masorético, lo
cual indica que su sentido es muy problemático—nota del traductor—) *hubiese yo creído que he de ver..."*. Es cosa segura que
se trata de un caso de elipsis, por lo que la mayoría de versiones

nera como planta la gracia y la activa en el alma, así está también Dios dispuesto a acudir con un cargamento de recursos y refuerzos cuando esta gracia decae en aquellos que son su pueblo, de acuerdo a sus necesidades y exigencias presentes. De cuando en cuando suple con aceite nuevo la lámpara del creyente, proporcionándole más fe, más amor, más esperanza, y más deseos; aportándole el poder necesario para evitar que desmaye y fortaleciendo, cuando está próximo a expirar, todo lo que permanece vivo en él.

JOHN WILLISON [1680-1750]
"Five Sacramental Sermons", 1722

Si no creyese que veré la bondad de Jehová en la tierra de los vivientes. He aquí un elixir reconfortante hecho de tres ingredientes magistrales y soberanos: 1. La esperanza de *ver.* 2. De ver *la bondad de Dios.* 3. De verla *en la tierra de los vivientes.*

SIR RICHARD BAKER [1568-1645]
"Meditations and Disquisitions upon certain Psalms", 1639

La tierra de los vivientes. ¡Ay de mí! ¿Qué clase de *tierra de los vivientes* es esa, en la hay más muertos que vivos? ¿Dónde son más los que yacen bajo tierra que los que caminan sobre la superficie; donde hay más tumbas

suplen al principio: *"Habría yo desmayado* (o desesperado)". *"La tierra de los vivientes"* no significa aquí el Cielo, como se ha interpretado desde antiguo, sino este mundo, en oposición a los que bajan al Seol (Salmo116:6; 142:5). Ciertamente puede acomodarse devocionalmente al Cielo, donde se halla el lugar de los que viven para siempre, pues este mundo es más bien la tierra de los que mueren. No hay nada como la esperanza de la vida eterna para preservarnos de desmayar ante las calamidades del tiempo presente».

que hogares; donde la vida se tambalea bajo el filo de la guadaña, y la muerte ejerce un poder ilimitado que tiraniza la vida? No, alma mía, la *tierra de los vivientes* sí existe, pero no aquí, sino allí donde moran únicamente los vivos; donde la Iglesia no es militante, sino triunfante;[150] donde hay, ciertamente, iglesias, pero sin cementerios en los patios traseros.[151] Pues allí no hay muertos, y nadie susceptible a morir; allí la vida no permanece pasiva y la muerte activa, sino todo lo contrario, la vida goza de su corona, y la muerte es sorbida con victoria.[152]

Sir Richard Baker [1568-1645]
"Meditations and Disquisitions upon certain Psalms", 1639

Vers. 14. *Aguarda a Jehová; esfuérzate, y aliéntese tu corazón; sí, espera a Jehová. [Espera en Jehová; ten valor y afianza tu corazón; sí, espera en Jehová. RVR77] [Pon tu esperanza en el Señor; ten valor, cobra ánimo; ¡pon tu esperanza en el Señor! NVI] [Pon tu esperanza en el Señor; ten valor, cobra ánimo; ¡pon tu esperanza en el Señor! LBLA]*

Aguarda a Jehová; esfuérzate, y aliéntese tu corazón; sí, espera a Jehová. Aguarda a Jehová. Espera ante su

---

[150] Aplicando este punto de vista, algunas versiones modernas traducen directamente *"en el país de la vida"*.

[151] Prácticamente hasta el Siglo xx tanto en Inglaterra como en otros muchos países, los cementerios eran parte de los edificios de las iglesias, por lo que todas las iglesias tenían un patio-cementerio en la parte trasera donde se enterraba en tubas cavadas en la tierra a los feligreses de la demarcación.

[152] 1ª Corintios 15:54.

puerta en oración; espera a sus pies con humildad; espera en su mesa con servicio; espera ante su ventana con expectación. Los lobistas, cabilderos y todos aquellos cuya profesión es convencer, presionar y obtener favores y donaciones de políticos o patrocinadores, después de una larga espera y de generosos obsequios y regalos, a menudo no logran más que un portazo, que los rechacen y les den la espalda de la manera más fría y desconsiderada, sin haber logrado nada positivo. A aquellos cuyo patrocinador está en los cielos, les va mucho mejor.

Esfuérzate. [*Ten valor* NVI] Buen lema para un soldado, sea también en el mío. Puesto que como soldados del Rey Jesús, ciertamente nos hace falta valor y mucho coraje; abundamos en razones para necesitarlo y nos sobran ocasiones para ejercitarlo.

Aliéntese tu corazón. [*Y él fortalecerá tu corazón* KJV] Él sabe cómo poner el emplasto justo sobre el punto débil. Si somos capaces de fortalecer nuestro corazón, toda la maquinaria del cuerpo se vigoriza, pues un corazón fuerte hace un brazo fuerte. ¿Y qué fortaleza es esta que Dios mismo concede al corazón? Basta con que leáis el *Libro de los Mártires*[153] y os daréis cuenta de sus hechos y proezas gloriosas; pero mejor aún, acudid a Dios y procuradlo para vosotros mismos.[154]

---

[153] Se refiere a la famosa obra de JOHN FOXE [1516-1587] *"The Book of Martyrs"*, publicada en español por la Editorial CLIE como *El Libro de los Mártires*.

[154] Dice EVAGRIO DEL PONTO [345-399]: «El corazón fuerte, firme, afianzado, es el que rechaza llenarse de doctrinas falsas y pensamientos impuros». Por su parte, AGUSTÍN DE HIPONA [353-429] concluye su comentario a este hermoso salmo del siguiente modo: «*"Aliéntese tu corazón"*, no te desanimes, no te impacientes, para que no seas contado con aquellos de los cuales se dice: *"¡Ay de*

Sí, espera en Jehová. Con este *"Sí"*, que equivale a decir *"Sí, digo yo, espera en Jehová"*, David pone su aquiescencia, estampa su sello personal y particular a unas palabras que, como escritor inspirado, había sido impulsado a escribir. Con ello, a la vez que ordenanza divina las convierte en su testimonio personal. Y ciertamente también éste escritor que hoy las comenta puede decir que las ha experimentado en su propia vida, y afirmar que las ha hallado igual de dulces, de revitalizadoras, y de provechosas para acercarse más al Señor. Por ello, se siente movido a suscribirlas y a exclamar de su propia cosecha: «Sí, amigo lector, te digo yo también confirmando y repitiendo el canto del salmista: *espera en Jehová*».

C. H. SPURGEON

Aguarda a Jehová; esfuérzate, y aliéntese tu corazón. El sentido del hebreo[155] es: *Permanece confiado, mantente firme* (como lee la versión griega), *sé valiente,* o *compór-*

---

aquellos que pierden la paciencia!"(Eclesiástico 2:16). Aprended a esperar en el Señor, nos dice el salmista a cada uno de nosotros individualmente; y como colectivo, a todos aquellos que siendo uno en Cristo formamos el Cuerpo de Cristo; a todos cuantos andamos gimiendo en los días de nuestra peregrinación y angustias demandando esa *"sola cosa"* y buscando esa *"única cosa"* (27:4); a todos cuantos compartimos la esperanza y la certeza de que hemos de ver *"la bondad del Señor en la tierra de los vivientes"* (27:13) [...] Sed pacientes, poned vuestra esperanza en el Señor; tened valor, cobrad ánimo. ¡Sí, pon tu esperanza en el Señor! Porque esperando en el Señor lo obtendrás todo; pues tendrás a Aquel en quien has esperado. Y si encuentras algo mayor que esto, algo mejor o más dulce y deseable, ve tras ello con todo el anhelo de tu alma».
[155] En hebreo קַוֵּה אֶל־יְהוָה חֲזַק וְיַאֲמֵץ לִבֶּךָ וְקַוֵּה אֶל־יְהוָה *qawwêh 'el-Yahweh ḥāzaq wəya'ămêṣ libbəkā wəqawwêh 'el-Yah·weh.* En el griego de la *Septuaginta*: ὑπομένω ὁ κύριος ἀνδρίζομαι καί

tate varonilmente; palabras que utiliza también el apóstol Pablo dirigiéndose a los Corintios.[156] Todas ellas, palabras encaminadas a combatir la negligencia, el temor, el corazón pusilánime, y cualquier otro tipo de debilidades.

HENRY AINSWORTH [1571-1622]
"Psalms, The Book of Psalmes: Englished both in Prose and Metre with Annotations", 1612

Aguarda a Jehová; esfuérzate, y aliéntese tu corazón.
    Mantente y resiste, tu espectral rival huirá
    Bajo el ojo del cielo el infierno temblará
    Escoge, antes que el ataque, la defensa
    En la pugna, la arrogancia al fracaso es propensa
    Hallarás peligros cuando llegue el desafío
    Mas el coraje verdadero es estable, no un desvarío
    Siempre humilde, de sí vive en desconfianza
    Y ante el peligro no arremete ni se lanza
    Encomiéndate a Dios y encontrarás
    Que Él gana las batallas sin esperanza
    ¡Ama a Jesús! Con amor al temor vencerás
    ¡Ama a Jesús! Y seguro a la conquista llegarás[157]

THOMAS KEN [1637-1710]
"Edmund, an Epic Poem, Book XII", 1721

κραταιόω ὁ καρδία σύ καί ὑπομένω ὁ κύριος. Que la *Vulgata* traduce como:

[156] 1ª Corintios 16:13.

[157] En el inglés original, *"Stand but your ground, your ghostly foes will fly— / Hell trembles at a heaven directed eye; / Choose rather to defend than to assail— / Self confidence will in the conflict fail: / When you are challenged you may dangers meet— / True courage is a fixed, not sudden heat; / Is always humble, lives in self distrust, / And will itself into no danger thrust. / Devote yourself to God, and you will find / God fights the battles of a will resigned. /*

¡Pon tu esperanza en el Señor! Cuando veas que los hombres cometen fechorías, y atropellan y mortifican con dureza a los hijos de Dios, jamás cometas el error de pensar que la soberanía universal ha escapado de la mano de Cristo. No, no; esos hombres no son sino parte de su mano; pues es la mano de Dios la que, obrando en justicia y rectitud, descarga a veces duros golpes sobre su pueblo. Mira más allá, por encima de los hombres pues nada tienes que ver con ellos, y verás cómo las cosas cambian tan pronto como al Señor le plazca variar la dirección del movimiento su mano. El Cordero sigue sentado en su trono pese a las espesas nubes que se ciernen sobre Escocia; por tanto, míralo a él para que contenga su ira: *"Honrad al Hijo, para que no se enoje, y perezcáis en el camino; pues se inflama de pronto su ira. Bienaventurados todos los que en él confían"*[158].

RALPH ERSKINE [1685-1752]
"Sermons and Practical Works", 1724

Love Jesus! love will no base fear endure— / Love Jesus! and of conquest rest secure."
[158] Salmo 2:12.

COLECCIÓN LOS SALMOS

Salmo 19
La Creación. Salmo de la creación

Salmo 23
Salmo del pastor

Salmo 27
La Confianza. Confianza triunfante y suplicante

Salmo 32
El Perdón. Salmo Paulino

Salmo 37
La Impaciencia. Antídoto contra la impaciencia

Salmo 84
La Alabanza. La perla de los Salmos

Salmo 90
El Tiempo. De generación en generación

www.ingramcontent.com/pod-product-compliance
Lightning Source LLC
Chambersburg PA
CBHW011759040426
42447CB00015B/3449